前を向きたくても向けない人

過去を引きずる人の深層心理

加藤諦三
Kato Taizo

PHP新書

前を向きたくても向けない人

目次

第1章 過去に囚われる人、過去と縁を切れる人

第2章 悩んでいるのは自分だけではない

第3章 幻を恐れていた自分に気づく

第4章 「心のごみ屋敷」を掃除する

第5章 不幸な自分を生きる

終章 不幸とは心の問題である

第1章

過去に囚われる人、過去と縁を切れる人

過去の人間関係が人生に重くのしかかる

自分の人生がうまくいっていない時、人は自分を変えられたらいいなと思う。

しかし、まず何を変えたらよいのか、それがわからない。

その最適な答えを探してモタモタしているうちに、「変わりたい」という思いが薄れてしまう。

それでほとんどの人はズルズルと、変われないままに生き続けている。

では、何から始めるべきなのか。

私の考えでは、「過去の人間関係を正しく理解する」ことから手を付けるのがよい。

例えばこういうことである。

いつも兄から「お前はずるい」と言われて育った弟がいる。

弟は大人になって、自分がいじめられたことの原因を、兄の単なる欲求不満からの行動だと気づく。

兄の感情を理解し、それほど深い意味を感じる必要はないと思う。

このような「意識領域の拡大」によって、弟自身の人生が変わる。

この変化を可能にしたのは、兄に対する弟の正しい理解である。

ただ、いつもこううまくいくとは限らない。

「ずるい」という言葉の意味を重く受け止めて自殺未遂をした人もいる。

自殺未遂をした人は、自分が「ずるい」と言われた時に、あるコンテクスト（文脈）に行きついてしまうようになっていた。

感情は囚《とら》われに基づいている。この人が「死んでしまいたい」という感情を抱いてしまったのは、「ずるい」と言われることに対する、この人独特の囚われから来た激情だった。

ある人は、体臭を気にしていつも香水をいっぱいつけていた。

その人の仕事に敬意を抱く人が、「あなたは立派ですね」と褒めた。

ところがその人は、自分が香水をつけていい匂いがしているから立派だと言われたと思ったという。

「体臭を隠したい」という心の囚われが、この人の人間関係の解釈を歪《ゆが》めてしまっているのである。

このように、重い体験のコンテクストを理解することは、不安の積極的解決によい結果をもたらす。

あらゆる意味で、今の自分は過去の集積である。それを理解しない人は、「感情は囚われに基づいている」ことに気づけず、人生を迷走するのである。

被蔑視妄想の人も、被害妄想の人も同じように、自分にそのような狂気じみた空想をもたらしている過去の現実と触れ合えていないことに、本人の不幸がある。

どんな人間関係の中で育ったかは幸不幸の分かれ道

過去の人間関係や体験は、実は人がいろいろと悩むことの真の原因になっている。

しかし、多くの人は、今目の前にある問題が原因だと思っている。

今までの人生の中で悩みの原因を考えて解決してこなかったから、何か問題が起きるたびに悩むような、不安定な心が出来上がっている。ちょっとの振動で激しく動揺してしまうような心で生きているから、すぐに悩んでしまうのである。

人間関係はひたすら努力すればうまくいくというようなものではない。努力すればするほど、かえって問題が深刻化することもある。

それまでの人生で、すべての問題解決を努力のみで片づけてきたような人は、「私がこんなに努力しているのに、こんなに頑張っているのに」と不満を覚えるとともに、なす術《すべ》のなさに悩むことになる。

解決の方法がよくわからないことほど難しい問題はない。

うまくいっていない人も努力はしている。だが、そういう人たちは過去の自分の人間関係に対して、正しい理解に至っていない。

最悪は目に見えるが、最低は目に見えないという。

最悪の父親はアルコール依存症でDVをするような父親であるが、最低の父親は子どもに服従を強《し》いる真面目な父親である。真面目で権威主義的な父親である。熱意溢《あふ》れる教師の子どもが不登校になるようなことがしばしば起きるのは、そういう場合である。

子どもの頃から親の脅《おど》しと攻撃にさらされて生きてきた人がいる。この種の親は、自分自身がいつも不安を抱えて生きている。不安な人は、安心するために相手に攻撃的にならざるを得ない。子どもに従順を強いることも、親の攻撃性の間接的表現である。

子どもに、従順を美徳として強いる親の恐ろしさを私も知っている。

私の父親は私に、「大切なことは何だ」と質問して、私に「従順です」と答えさせていた。その子どもの頃からの経験はまさに、第５章で説明する「記憶に凍結された恐怖感」となって、私を支配し続けた。

自分に対する従順を他人に強いることについて、アメリカの心理学者ロロ・メイは次のように書いている。

> もしわれわれが、他人を自分自身の意志に従わせる以外に、不安から救われ得ないとなれば、不安を和らげる方法はどうしても、本質的に攻撃的とならざるを得ない。
> 不安からの逃れ道は、他人を共生的な関係に保っておくだけでなく、他人を支配し、他人に打ち克つことによって、あるいは他人を自分自身の意志に従わせることによって達成できるということである。[註1]

子どもの側からすれば、猛烈なストレスを与えられ続けた人生である。ひどく歪んだ環境の下で、今まで生きてこられたのは奇跡だと思わなければいけない。

自分の自我に従って物事の是非を判断するという、いわば生きることの責任を放棄させられながらも、無事に生き延びてきた勇気ある人である。

もちろん、攻撃されるのではなく、逆に励まされて成長してきた人もいる。

こういう人は、人生の困難に出合うたびに、周囲の人々から励ましを受け続けてきたのである。

攻撃を受けて生きてきた人と、励ましを受けて生きてきた人では、やはり人生そのものの見え方が異なるだろう。

どういう人間関係の中で成長してきたのかは、すなわち「自分の人生はどういう人生であったのか」ということである。

この人生の背景にある人間関係の差が、幸不幸の分かれ道なのである。

「今を生きる」とはどういうことか

親から愛されて成長した人と、親から攻撃されて成長した人は、同じ人間ではない。

同じように、人を信じられずに成長した人と、信じられる人と関わって成長した人は、同じ人間ではない。

自分を変える道は、こういう認識をきちんと持つことから始まる。

「人を信じられずに成長した人」が、「信じられる人」と関係ができた。でもなかなか信じられない。それはそうだろう。

年齢が上がれば上がるほど、今の刺激に対して過去の社会的枠組みで反応してしまう。

学習したコンテクストがより深く内面化されているからである。

神経症的傾向の強い人に囲まれて成長した人は、やさしい人の励ましの言葉にも怒りで反応することがある。これまでの人間関係の中で経験した神経症者からの侮辱が、血肉化されているからである。

つまり、身体は今にあっても、心は過去にある状態で生きている。

この状態を、心も今にあるようにすることが、自分を変える第一歩である。「今を生きる」自分にするのである。

今を生きるとは、今の自分が今の刺激に反応することである。学習した過去の社会的枠組みで反応するのを意識的に排除し、目の前の状況に今の自分として反応できるようにする。このようにすることを「感情の再プログラム化」という。

「信じられる人」と関係ができたら、過去の自分のコンテクストを捨てて、信じてみるようにする。

このような変化を、心理学者ロロ・メイは「意識領域の拡大」と呼んでいる。

今の刺激に対して、今の反応をし続けることでそれはもたらされる。今までの自分の意識領域を広げることで、今に反応できるようになっていく。

起きている現実を、よいことも悪いこともきちんと受け止められるようになること――それが「意識領域の拡大」である。それは心の健康にもつながる。

ハーバード大学教授エレン・ランガーは、このことを「マインドフルネス（過去や未来ではなく現在起こっていることに注意を向ける心の状態）」と呼んでいる。新しい情報に感情が開かれているから、新たな気づきを得やすくなる心の状態である。

「心の借金」が増える生き方

あなたと恋人との関係がギクシャクしてきた。互いにいろいろと不満も出てきた。

その恋愛が終わらないうちに、あなたには別の人との恋愛が始まってしまった。

その恋愛もまた、自分の甘えがすべて通るわけではない。

そこでまたその恋愛が終わらないうちに、また別の新しい人と恋愛してしまう……。

恋愛がうまくいかなくなった時に、「なぜこの人とうまくいかなくなったのか、なぜ自分は不満なのか」をきちんと考えて、その恋愛を続けようとするのか、それとも終わらせる方向に動くのか。いずれにしろ、そうした心理的な努力が恋愛の背景にはあるべきものだ。

しかし今の恋愛が不満な時に、「とりあえず」その不満を解消することにあなたは逃げた。

そうして結婚生活を始めてみたが、あなたは心の中に消化されない二つの関係を残している。その二つの恋愛をあなたは心理的に解決していない。

心理的に未解決の問題を抱えたままで次の関係に入った。その結果、心理的に未解決な問題がさらに蓄積された。このような心の癖を持つあなたは、恋愛以外の人間関係においても、多くの心理的に解決がついていない問題を心に抱えているに違いない。

心の借金を抱えて、新しい関係を始める。その心理的に未解決の問題の上にまた新しい問題が重なる。

あなたの心の借金は増え続ける。心の借金は目に見えないが、どんどん重くなる。

そんなあなたは、もしパートナーとの生活で懸命に努力しても、結婚生活はなかなかうまくいかないだろう。

間違った土台を築いて、陽が当たらない方向に家を建てている。でもあなたはそれに気がついていない。

心の問題を「とりあえず」間に合わせてはいけない

少年時代の夢を「どうやら自分には難しそうだ」と消化できていないうちに、青年時代の別の夢に憧れ始めてしまう。

こういう人は、「少年時代の夢が終わっていない」という心の借金をしているのである。

このように、物事が思うようにいかない時に、「なぜ」とその原因を考えないで、「とりあえず」その嫌な状況から目を背《そむ》けさせてくれることに焦点を移す人は多い。「感情の再プログラム化」ができていない人である。

「なぜ」と考えれば、うまくいかなかったことが実は自分の人生を救っていることに気づくかもしれない。

「なぜ」と考えれば、自分はまだ、そのことをするまでの実力に達していないのだと、未熟な自分を理解できるかもしれない。

望むようにならないことが、自分の位置を教えてくれているかもしれない。もしそうだとすれば、自分の努力すべき方向を教えてくれているのかもしれない。

心理的に未解決な問題を抱えたままで、目の前の問題のためだけに努力を続ければ、いつの間にかストレスが溜《た》まって、いろいろな肉体的症状が現れることがあるかもしれない。

はっきりした原因がないのに頭痛がしてくるかもしれないし、リストラの不安などないのに夜眠れないかもしれない。

食事に置き換えて考えれば、食卓に前の食事で使った汚いお皿が置きっぱなしになっている状態である。

原因不明で体調を崩した人の心の中には、このような汚いお皿がたくさんあるのかもしれない。

朝食を残して片づけないうちに、「とりあえず」昼食を食べ始めた。そればかりではない、台所の流しには昨日の夕食で使った食器が山のようにある。

そこでまた「とりあえず」夕食を食べる。料理はおいしくできていても、食事は楽しくないに違いない。

「とりあえず」の人生の先に待っているもの

新卒で第一志望の就職先に入れなかったことを、延々と引きずっている人がいる。

こういう人は、本当にしたいことがわからないまま、「とりあえず」押し流されるように生きている。

医師になりたかったのになれなかった。実はそのことにまだ納得していない。

そうするとちょっとしたことですぐに悩んでしまう。

その心理状態を抑えるために、「とりあえず」何かをする。

それが結局は「あれも、これも」や「もっと、もっと」という強欲に通じていくのである。

「とりあえず」は、その場の気持ちを紛らわせてくれるが、「心の借金返済」という根源的な解決にはなっていない。

「とりあえず」で生きていくことは楽だから、流されるままで何の決断もしない人生を送る。いわば「目的地のない旅」である。

酷な言い方だが、それは、自己疎外に陥《おちい》った人の人生である。

自己疎外に陥ると、目標のないままに他人に振り回されて生きるしかなくなる。しかも自分が他人に振り回されて生きているという自覚すらない。

よく見受けられるのは、相手に振り回されているだけなのに自分が恋愛をしているつもりになっている人である。それに気づかないから、今の恋愛が自分の求めているものを与えてくれないと、何となく不満を覚え、それを引きずったままで次の恋愛を始めてしまう。

望みも同じである。自分から望んだことではない目標に向かって生きている人は危ない。

父親の期待から医学部を目指している受験生がいる。そこに自分の意志はない。医師になって父親に認めてもらえれば、「とりあえず」彼は落ち着くであろう。ただ彼の適性が医師に向いていなければ、根源的な問題は解決できていない。根源的な解決は、父親から心理的に自立することである。それができれば心理的に自分が見えてくる。

しかし、父親と正面から向き合うことはつらい。自分は医師に向いていないから薬剤師になりたいと告白して父親を悲しませることがつらい。そこで当面そのつらさから逃げる。そして「とりあえず」医師を続けるという最も安易な解決を選ぶ。

オーストリアの精神科医でアドラー心理学の第一人者であるベラン・ウルフは、神経症は安易な解決を求めることの積み重ねであると言っている。

安易な解決を選び続けた生き方の最後に待っているのが、神経症である。「安易に解決しよう」という期待に反して、最も困難な人生を招き寄せる。

「心の借金」を取り立てられる時

「とりあえず」に逃げる人は、「あれも、これも」「もっと、もっと」という強欲に悩まされる。心の借金から常に目を逸《そ》らし続ける必要があるからだ。

本人にはそれが自己疎外という事態で、自分の意志を放棄した結果であるという自覚はない。

その自覚がないことこそが、「自分が本当に欲しいものは何か」を本気で考えないで、「とりあえず」生きてきた結果なのである。

そして何よりも問題なのは、自分が膨大な心の借金を抱えていることを、本人が自覚していないことである。

文字通りの「借金」は、誰でも意識せざるを得ない。「早く金を返せ」と催促されるから、否応《いやおう》なく「私は借金をしている」と自覚する。

しかし「心の借金」は意識していないから自覚もない。「心の借金」がどんどん増えていることに気がつかないで、心理的に未解決な問題を次々と抱え込む。

消費者金融の返済ができないのに困って、別の消費者金融から借金する時、それには意識も自覚もある。さらに借金が増えてヤミ金融と言われる業者にまで手を出してしまえば、そろそろ返済不能になりそうだということも自分でわかっている。

しかし「心の借金」の場合は、既に返済不能に陥っているのに、まだ過去の心理的に未解決な問題を整理できていないことに気がつかない。

親から精神的に自立しないうちに恋愛を始める。そして、愛する能力のないうちに自分が親になってしまう。

社会的能力がないのに社会に出ていく。その結果、通用しないでひきこもりになる。

高校を卒業して、「皆が行くから」と「とりあえず」大学に行く。働くか進学するか、自分で考えたほうがよい。

大学を卒業して、「皆がするから」就活をする。「なぜ自分はここで働くのか」という目的や覚悟なしに、「とりあえず」就職する。

こんなふうに生きてくると、三十歳になった頃には、一つ一つのことを自分で考え、自分で決断し選択をして生きてきた人との間には、心理的に大きな差がついてしまっている。

しかし、「とりあえず」の人たちも、人と張り合ってストレスの多い人生を生きているから、そのことに気がつかない。自覚的に生きてきた人たちと同じように会社に行き、同じように生活している。しかし心の世界は全く違う。

「とりあえず」の人たちは生きる方向性を失っている。とはいえ、なぜ自分は方向性を失っているかに気がつかない。将来への希望も、苦難に立ち向かう勇気もないことに気づかない。自分が過去の整理をしていないということにも気がついていない。

生き方に方向性がないから、些細《ささい》なことで悩む。些細なことで怒る。他人の言動に過剰反応をする。

「あれも、これも」「もっと、もっと」という強欲な精神状態が高じて自律神経失調症になる、情緒的安定を失う、イライラする。でも、自分が過去の心理的に未解決な問題を整理できていないという、そもそもの原因には気がついていない。そこに気が回らない。

これが「心の借金」の取り立てである。

「心の借金」の取り立ては、心の中から来る。自分が自分に取り立てるのである。

「楽をした過去」が「つらい今」になっている

アメリカの精神科医カレン・ホルナイは、神経症の核は自己疎外だという。
自己疎外に陥った人は、他人に振り回されて「私はこう生きる」「私はこうしたい」という意志も願望もない。

他人に振り回されるということは、一見つらいようにも思えるが、実は最も安易な生き方とも言える。「そうしたくない」と思っても、他人に嫌われないように「そうしてしまう」ほうが、その場は心理的には楽である。

他人に振り回されないで、「私はこうします」と言うことは、心理的なエネルギーがいる。慣れていないと苦しいし、消耗する。

権威主義的な親が満足しそうもない職業に就くことを考えてみるといい。

しかし、実はその苦しみが心理的成長につながる。

親の期待に沿って気が乗らない仕事をする人生と、自分の意志で選んだ仕事に邁進《まいしん》する人生とでは、どちらが自分にとってプラスであるかという問題である。

他人に振り回されることは、その時点その時点で考えれば、最も安易な選択なのである。その時には自分が「心の借金」を負ったということに気がつかない。

成長欲求と退行欲求の選択で、退行欲求を選ぶことは、その時点その時点で考えれば心理的に楽である。長い目で見ればつらい結果になるが、その時には気がつかない。

親の言いなりになってきた子どもは、大人になって生きるのがつらくなる。しかし多くの場合、こういう人は、今目の前の出来事が原因だと思っている。過去の長年にわたる心理的に未解決な問題の蓄積が原因だとは思わない。

だから「今、自分がしなければならないのは、過去の整理だ」とは気がつかない。

「なぜあんな人と恋仲になってしまったのか」と考えれば、その前の体験が見えてくる。

「なぜあんな仕事に就いてしまったのか」と考えれば、その前の体験が見えてくる。

次々に人生の道を間違えて、「生きるのがつらい」今になっていることが見えてくる。

人生の道を間違える時には、「とりあえず」行きやすい道を選んでいるから、間違っているという自覚がない。

その無自覚な積み重ねが「生きるのがつらい」今になっている。

その今まで歩いてきた道を整理すること以外に、自分の人生を取り返す方法はない。

多くの人が囚われている子どもの頃の刷り込み

母親はよく「そんなに怠けているとお父さんのようになるわよ」と子どもを叱る。子どもはその言葉から、大人の姿についてのネガティブな情報を受け取る。

「お父さんのような大人になってはいけないのだ」

「お父さんのような人は怠け者なのだ」

母親の不注意な一言が、子どもにとっての大人像を歪ませてしまった例である。子どもは大人になっていく過程で、過去に受け取ったこれらの情報に囚われる。それは、子どものその時その時の思考や行動を左右する。

そして、「とりあえず」父親のようにならない方向を取るようになるのである。

もしかしたらこの子どもは、父親に似て穏やかでのんびりしたパーソナリティーかもしれない。母親から刷り込まれた「あるべき大人」の情報は、その場合は重大な自己疎外につながってしまう可能性もある。

いずれにしても、幼い頃から、子どもが発現している適性と能力をきちんと把握して育てられた人とは、全く違う人間になるだろう。

「感情の再プログラム化」は、このような過去からの囚われによって不安にさいなまれてしまった人生を、生きやすいものに変えることとである。「生きるということは脅威である」という認識から、「生きるということは喜びである」という認識へと自分を変えるのである。

そのためには付き合う人を変えて、自分の精神的な環境を変えてみることが有効になる。また、心理学の言葉で「人格の再構成」というものを通じて、人生に対する目線を変えるというようなことも有効である。

人間は弱く、ありのままの自分をなかなか受け入れられない。

自分の弱さや不幸を受け入れることができる人は、強い人である。

それさえできれば、誰でも周囲から「あの人は強い」と言われるような生き方ができるだろう。

だが、成長期に自分の弱さを保護してくれる人がいなかった人には、これができない。「お父さんのようになるな」と言われた先ほどの子どももそうである。

幸福に生きるための青年期の課題は、自分の運命を受け入れることである。

その上で壮年期の課題が、その受け入れた「自分の運命」を愛することになる。

その壮年期の課題を解決して、高齢期の課題は「内なる生産性」を発揮することとなる。それが美しき老年を可能にするのである。

自分の弱さを受け入れるから、自分の本当の長所が見えてくる。

不幸を受け入れるから、自分の本当の幸せが見えてくる。

それが、幸福に生きていくための努力の方向性である。

これを繰り返すことで、人は幸福になり、それを深めていくことができる。

過去とどのようにして縁を切るか

孤独から始まった恋愛と、相手が好きで始まった恋愛では基本的に違う。

孤独から始まった恋愛は、自分の心を癒やすために始まった恋愛である。だから、いずれトラブルを引き起こす可能性が高い。

なぜなら、過去の問題を消化できないままに始まった恋愛であるから、恋愛依存症になる。こうなると恋愛しないではいられないが、恋愛が楽しいものではなくなる。

この人は自分の孤独と正面から向き合い、それを認識し、自分を理解し、その上で自分の生き方を選択するというプロセスを踏まなかった。

この人は、そうした心の作業をしないままに、次の恋愛で解決しようとした。

つまり広い意味での「対象喪失の悲哀の過程を完遂」していない。今抱えている問題から逃げたのが、その時の恋愛である。

「苦しみは救済と解放につながる」というオーストリアの精神科医アルフレッド・アドラーの言葉があるが、この人はその「苦しみ」から逃げた。「対象喪失の悲哀の過程を完遂する」のは苦しみそのものである。その苦しみこそ「救済と解放につながる」とアドラーは言っているのだ。

もちろん、ただ苦しめばそれでよいというものではない。

人間の苦しみには二種類ある。

一つは現実から逃げる過程で生じる神経症的苦しみ。その苦しみはどんどん心の中に堆積していく。

もう一つは現実と向き合うことから生じる苦しみ。この苦しみは救済と解放をもたらし、その人の人格を再構成していく。

「過去と縁を切る」というのは過去を消化するということである。過去から学ばないという意味ではない。過去を消化するということが、「苦しみは救済と解放につながる」という意味である。

生きていれば誰もが、毎日何かしらイヤな体験をするだろう。

そのイヤな体験は、あなたの劣等感が原因であるかもしれない。その時に虚勢を張ったり、自分の劣等感を否定したり、人に優越しようとすれば、いつまでも気持ちは劣等感に影響され続ける。過去と縁を切ることはできない。

「過去と縁を切る」ためには、劣等感の原因である「所属感の欠如」と向き合うしかない。自分の心の底にある孤独感と向き合うとか、自分は誰からも本当には相手にされていなかったというつらい体験などと向き合うのである。

どんなに名声を得ても、それで劣等感が消えるものではない。どんなに権力を得ても、それで劣等感が消えるものではない。自分の過去のつらい体験を消化する以外に劣等感を消す方法はない。

何か前向きの目的を持って、心の底のつらい体験と正面から向き合い、その屈辱感を乗り切る以外にはない。そうして自分の過去のつらい体験を消化することで自信ができる。

過去への囚われを振り切って現実に目覚める

人間が生きるということは、つきつめると「成長と自由」か、それとも「退行と束縛」かの葛藤である。

「成長と自由」にも苦しみは伴うし、「退行と束縛」にも苦しみは伴う。

生まれてきた以上、苦しみは避けられないと知るべきである。

現実に接することは、自分の思考や行動の結果を見ることだから苦しいことであるが、そういう現実に接するからこそ心の柔軟性が生じる。

現実に接すれば自分の面子《メンツ》を失うことがあるかもしれない。立場を失う屈辱感に襲われるかもしれない。神経症的自尊心が傷ついてこの世に居場所がなくなるような気がするかもしれない。しかし、その羞恥や後悔や屈辱などの苦しみを乗り越えるから心に柔軟性が生じてくる。

現実に適応するということは、自分とは違った考え方、価値観を受け入れることである。そうせざるを得ないということである。

「そういう考え方もあるのだな」と受け入れることである。

その時には一緒に相手を非難してくれる人はいない。恥を忍んで一人で屈辱に耐えるしかない。

それが人間の心理的な脱皮の時である。それが「人格の再構成」の時である。それが心理的成長の時である。

そこでその人の心の柔軟性が生じる。

現実を見て、自分にはこういう生き方しかできないのだと受け入れる。そういう自分、すなわち「ありのままの自分」を自覚し受け入れる。

あくまでも面子を重んじて突っ張る人もいるが、それでは狭い世界に閉じこもるしかない。それは自分の間違いを認めないことである。それがアメリカの精神科医カレン・ホルナイが説く「栄光と孤立」という神経症の症状である。

現実を受け入れるための苦しみは、その人の個性になる。面子を重んじて突っ張れば、それは個性を失うことにつながる。

いつまでも悩んでいる人には個性がない。同じ所をグルグル回っていても、何も解決しない。

俗に「一皮むける」という言葉がある。人間の心も脱皮する。脱皮する時には誰でも苦しむ。現実と接することで苦しむのは、「救い」に至る。現実を否定して苦しむ者は「栄光と孤立」の中で滅びる。

人が成長する過程では、現実に適応するということが不可欠になる。その時々にふさわしい人格になることを必要とする。

これを「人格の再構成」というのだが、これが産みの苦しみと同じほど苦しいので、人はなかなか現実を受け入れようとしないのである。

「人格の再構成」をする時、それは心が泣き叫ぶ時である。もうどう生きていいかわからなくなって、「助けて！」と叫んでいる時である。何を叫んでいるかがわからない。ただ心が痛くて叫んでいる。しかし、心が何を痛いと感じているかがわからない。ただわかるのは「痛い」ということである。

しかしそれを耐えることが、「人格の再構成」のために必要な心理過程である。正面から苦しんでいれば、「どう生きたらいいか」がわかる時が来る。

生きていくためには何かにつかまる必要がある。しかし「人格の再構成」の時期にはつかまるものがない。今までつかまっていたものは、もうない。しかし、新しくつかまるものがまだ見つからない。心はただ泣いている。それは何かを失った寂しさである。何もない寂しさである。

「人格の再構成」とは過去の自分に別れを告げることである。

「ありのままの自分」を蔑むのをやめる

自分が感じるままに生きること――それが許されなかった人が多い。

子どもの頃から親が「よい」と認める性格でなければならなかった。親が褒めるような態度をとらなければならなかった。それ以外の態度をとれば、罪悪感を持たなければならなかった。

大人になって以後も、ありのままの自分として認められたことはなかった。親と異なる人格の、一人の独立した人間として認められることはなかった。

だから一度も、ありのままの自分として愛されることはなかった。ありのままの自分を大切にされることはなかった。

これが不幸の原点である。

こうして成長した人は、ありのままの自分自身に深く絶望する。ずっとそれを否定されてきたからである。だから、自分というありのままの存在に罪悪感を持っている。この罪悪感は大人になっても長く続く。

一度もありのままの自分として受け入れられたことがなければ、自分に深刻な罪悪感を持つのは当たり前である。おそらくこれまで、真に気持ちが晴れることはなかったであろう。

それは深刻な劣等感でもある。

ありのままの自分という人格に、重要な他者が反応してくれたことがない。常に自分は、相手を賞賛する道具でしかなかった。

そこから生じた人間的欠陥は想像を超える。

だが、今からでも遅くはない。「あー、自分は一度として、ありのままの自分を大切にされたことがなかったのだ」と気づくことが救いへの道である。

ありのままの自分を大切にされて成長した人とは、違った生き物であると気づくことが救いへの道である。

それがナルシシストから解放されるプロセスのスタートである。

大人になっても暗く重い気持ちをどうすることもできない。そして「なぜ自分はこんな気持ちの動きをするのか」と自己嫌悪に陥る。

自分で自分の感情を抑えておくことができない。マイナスの感情は常に暴走する。憂鬱になりたくないと思っても、憂鬱になる。機嫌よくしていたいと思っても、憂鬱な気分に支配される。歎《なげ》くだけで自分から先に動けない。何かをしようと思っても何もする気になれない。

どんなに主体性が大切だと言われても、一度として自らの主体性を重んじられた経験がないのだから、主体的に物事を判断し、行動することはできない。

幼い頃から一度として自分の自発性を尊重されたことがないのだから、自分の意志で自分が動けるはずがない。自分の中に自発性そのものが育っていない。自分の自発性を尊重されて成長した人とは違った生き物になっているのである。

そういうことに気づけば、その人は自分の置かれた現実に目覚めたことになる。そこから一つ一つ行動に移していけばよい。

まずはナルシシストの親など、情緒的に未成熟な親からの解放が、過去と縁を切ることであり、幸福への原点である。

大人になって人間関係でいろいろとつまずき、相手を恨んだり、憎んだりするが、それは最初の人間関係での失敗の投影である場合が多い。

今周りにいる人を恨む前に、自分はありのままの自分を受け入れてもらったことが「あるか、ないか」を思い出してみることである。

もし幼い頃からありのままの自分を受け入れられていれば、そんなに相手の言葉に深く傷つくことはないかもしれない。常に怒りが心の中に渦巻いていることはないはずである。

自分は相手を喜ばせるための道具としてしか愛されなかった。自分自身の価値を認められなかったのではないか。そうでなければ、そんなにいつもイライラしていることはないだろう。そんなにいつも怒っていることはないだろう。

いつも怒りを抑えて生きている。それは、幼い頃から誰も自分を真剣に一人の人間として扱ってくれたことがないからであろう。誰も自分の気持ちを汲み取ってくれる人がいないからであろう。

心の底でいつも脅《おび》えているのはなぜか。

それは、幼い頃から誰も自分を真剣に保護してくれた人がいないからであろう。

そうして神経症的要求を持つようになった。それは非現実的で自己中心的な要求である。大人になってからは神経症的要求など通るはずがない。そこで自分の周りに起きることに、ことごとく不満を覚える。

その結果、不満だらけの日常生活、我慢我慢の人生になってしまっていたのである。

自己蔑視するとさらに傷つきやすくなる

人は、仕事依存症なり、あるいはギャンブル依存症なり、あるいは薬物依存症なり、あるいはアルコール依存症なり、あるいは惨め依存症なり、さまざまな依存症に陥って苦しむ。

さまざまな苦しい人間関係の中で成長して、自律神経失調症なり、不眠症なり、悩み依存症になっている人もいる。

こういう人は、自分に対するまなざしを少し優しいものにしてほしい。自分はそれだけの苦しい環境に耐えて生きてきたのだといつも小さな誇りを持つことだ。その点を忘れて自己蔑視に陥ってはならない。

自分はストレスに弱い人間であると思っている人は、そういう自分を蔑視すると、ストレスにさらに弱くなる。

「自分はなぜ今ストレスに弱い人なのか」——それを正しく判断して、ストレスに弱い人という自己イメージではなく、どの程度「弱いのか、強いのか」という正しい判断を下す。

誰だってストレスに弱い。自分だけが弱いわけではない。そんなシンプルなことに気づくためには、苦しみを「苦しい」と感じる前に、「自分は今、なぜ苦しいのか」と一呼吸おいて考えるとよい。

ハーバード大学教授エレン・ランガーの本にある興味深い事例である。

コンテクストのさらに劇的な影響が、薬物の過剰摂取に関連して報告されている。アヘン剤のような薬物の経験が増えるにしたがって、耐性も強まる。常用者は、以前なら命にかかわったかもしれない量へと進んでいく。

だが多くの常用者は、致命的なはずではない量で命を落とす。シェパード・シーゲルらは、過剰摂取した日の耐性不全はコンテクストの機能であると示している。

ネズミを使った実験では、致死量と結びついている刺激を前にして大量の薬物を与えられたネズミは、前に薬物と結びついていない状況で同じ量を与えられたネズミよりも生き残る可能性が高かった。

なじみのない環境で薬物が与えられると、両グループの耐性はともに低下した。

シーゲルらは「まったく同じ予備検査の薬学的履歴では、ヘロインの致死効果に対する同等の耐性を示すとは必ずしも限らない」と結論づけている。

行われたそれぞれの実験では、なじみのない環境にいたネズミのほうが、「なじみのある環境にいたネズミよりも過剰摂取」で死ぬ可能性が高かった。[註2]

コンテクストの劇的な影響を無視して自己蔑視に陥っている人は多い。「私はどのような人間関係の中で成長してきたのか」――それを正しく理解することは、生死を分けるほど重要なことなのだ。

安心感というコンテクストの中で、人生の課題に直面している人もいる。恐怖感というコンテクストの中で、人生の課題に直面している人もいる。

外から見える状況は、両者で全く同じでも、両者の人生は全く違う。

ただ、確かに言えるのは、自己蔑視すると人は傷つきやすくなるということである。

人生好転は「不幸を受け入れる」ことから

誰かの言葉を聞いて、すごく不愉快になったり、怒りがこみ上げてきたりした時に、その感情をどう扱えばいいのか。

「この言葉は今、自分の脳の間違った回路を伝わっている」と思うことである。「この言葉は自分の価値を否定するものではない、自分の存在を否定するものではない」と考える。

そうしたからといって、すぐに不愉快な気持ちが消えるわけではない。落ち込んだ気分がすぐに回復するわけではない。

しかし、しないよりはいいのである。

それを何回も何回も、それこそ気の遠くなるほど繰り返しているうちに、いつか人の言葉が、「失敗したあなたは生きているに値しない」「ありのままの自分は生きているに値しないない」と言っているのではないと思えるようになってくる。これは、人生好転の小さな兆《きざ》しである。

人生好転のきっかけは、不幸を受け入れることである。

具体的には親を受け入れるということが多い。

人には、自立に向かって励まされて成長した人もいるし、常に失望されて成長してきた人もいる。

自分の適性にかなったことを期待され、ありのままの自分を受け入れられ、自我の確立ができて成長した人もいる。

逆に、常に「こんなこともできないのか」と深い失望のため息を聞きながら成長した人もいる。

この両者では人生はまるきり違う。

不幸を受け入れる道は、それぞれの人がそれぞれの人生を受け入れるということである。

「お前は生きるに値しない」という破壊的メッセージを受けながら成長した人は、その心の傷をしっかりと受け止めて生きることである。

その破壊的メッセージを受け入れるということは、その破壊的メッセージが自分の心に与えた影響をしっかりと自覚することである。

「記憶に凍結された恐怖感」を抱いていて、その結果、生きるのが怖い人もいる。父親に虐待された、母親に無視されたなど痛々しい記憶が、いつもその人を不安にしている。そういう人生をありのままに、「これが私の人生だ」と受け入れることである。安心感のある人生を断念する。

受験生という事実は同じでも、心の世界は全く違う。

自己蔑視に陥っている受験生は、コンテクストの劇的な影響を無視して、不合格になって自殺する人もいる。安心感のある人生を生きている人を、自分と同じ人間と勘違いしている人である。

「安心感のある人生を生きている人は、自分と同じ人間ではない」と理解できていれば、自殺をしないで済んだであろう。安心感のある家で受験勉強している状況と、恐怖感に怯《おび》えながら家で受験勉強している状況は、同じ受験勉強ではない。

平等とはあくまでも法律の世界の話である。心の世界の話ではない。

不幸を受け入れるということは、自分の過去の人間関係を正しく理解し、コンテクストを正しく判断する必要がある。

自分は共同体感情のある親のいる家で受験勉強しているのか、共同体感情のない親のいる家で受験勉強しているのかで、学習の成果は全く違う。

「もっと早く」「もっと効率的に」というような焦りは、不幸を受け入れていない心から生み出される。心の居場所がない家で成長してくると、陥りがちである。

自分はどのようなコンテクストで受験しているのか――それを理解すれば、不合格になっても劣等感に苦しむことはない。

自分はモグラなのに、鶴と比べて、飛べないと悩むことはない。

神経症が治らない人の共通点

神経症が治らない人は、既存の人間関係を変えることができない人である。神経症になるような人は、新しい考えで新天地を開くことができない。

伸びること、成長することとは、新しい考えで新天地を開くことそのものであり、それが幸せになる方法である。

伸びることとは、発想を変えるということである。発想を変えるとは、物を見る視点を変えることである。それで自分の「心の位置」が変わってくる。

物を見る視点が変わってくれれば、周囲の物はみな違って見えるようになる。そこに安らぎがあれば、もう元には戻らない。いや元に戻れない。自分の真の人間性、居心地のよい心の置き場所に気がつけば、元に戻る人はいないだろう。

例えば離婚したり、会社を辞めたり、親元を離れたりして、経済的に貧しくなった人がいる。でも、貧しくても今の生活のほうがいいと言っている人は数多くいる。

子どもの頃と違って、大人になってみれば、自分の周囲にいる人は決して非現実的な基準で自分を裁いてなどいない。自分のいい加減さ、至らなさ、多くのだめなところを許容して、現実と妥協しながら生きている。

神経症になるような人は、そう頭でわかっていても、感情では自分を憎み続けるから治らないのである。

神経症的傾向の強い子どもの周りには、「リンゴよりミカンがいい」という価値観の人が集まっていることが多い。

そして彼が「私はミカンではない、リンゴだ」と言ったら蔑《さげす》む人が多い。

だから神経症を治したいと思ったら、今の人間関係を変えることである。

マインドフルネスな人生にパラダイム・シフトする

幸せな気持ちを得るためには、「自分で幸せをつかもう」と決意して、これまでの生き方を規定してきた基準を変更することが必要である。

基準変更とは、パラダイム・シフトすることである。

過去の分析を始めることがパラダイム・シフトを始めることで、それがつまりマインドフルネスの準備である。マインドフルネスというのは、簡単にいえば「現実をあるがままに受け止められている状態」のことである。

「自分の親子関係は悪かった」という認識に改める。顧みて思えば、家族は生き甲斐ではなかった。そうは思っていなかった自分に気がつく。

親は「惨め依存症」で、子どもを操作していた。親はネクロフィラス（人の不幸を喜ぶ傾向）であった。その弱々しい声に操作されて三十年間生きてきた。

自分は三十年の感情的暴力に耐えた。

「よく耐えた、素晴らしい！」

そう気がつくことがアイデンティティーの再構築である。人格の再構成である。

過去からの脱皮には「自分は好かれている」という自己イメージの再確立が必要である。

自分を好きな人が、自分のほうでも好きと気がつかなかった。逆に自分を嫌いな人を親友と思っていた。そういうことに気がつく、これが過去からの脱皮である。

自分の能力を低く評価して否認していた自分に気がつくことは、過去への囚われから解放されることである。それはマインドフルネスになることである。心理的不調からの脱出である。

過去への囚われが、心理的不調の原因である。

今まで自分が「本来の自分」に気がついていなかった。そこからの脱出がアイデンティティーの確立のスタートである。人格の再構成のスタートである。

なぜ人に振り回されてしまうのか。

それはアイデンティティーが確立していないからである。

なぜそんな人たちに嫌われるのが怖いのか。

なぜそういう人たちに認められたいのか。

それもアイデンティティーが確立していないからである。

安売り依存症も、偽名現象も皆同じである。自分で物の良し悪《あ》しを見分ける自信がないから安い物を買って安心する。自分の名前で意見を言うのが怖いから、偽名を使ってネットに投稿する。

自分が何者であるかがわからないままに生きることの恐ろしさがある。こういう人が、ずるい人に弄《もてあそ》ばれる。

努力して、真面目に生きても、アイデンティティーが未確立なら、つらいだけの人生になる。それは質《たち》の悪い人たちに利用されるだけだから。

私は愛されていない、
これが今までの人生の出発点。
私は愛されている、
これが新しい人生の出発点。

第2章

悩んでいるのは自分だけではない

幸せが見つからない人は考えていない

「面白くない」「つまらない」と思っている時は、自分の目的がない時である。あるいは目的が見えない時である。

そんな時、つい不幸な道を選んでしまう。

つまり生きる意味、生きる目的を見出せない時、人は悩みを抱えてしまう。

「幸せになりたい」――人はいつもそう思って生きている。

だが、どうだろう。

私たちは幸せを、とかく観念ではわかっているつもりである。でも、何が幸せなのかと考えるとはたと立ち止まってしまう。なぜなら、そんなに深く考えていないからである。

私もつらいことや苦しいことに出合った時に、「幸せになりたい」「もっと安らかに過ごしたい」「この悩みがとれたら何もいらない」と嘆きつつも、何となく時が過ぎていく――そんな人生を送っている。

心配や不安な時はどうしたらいいのか。

心配や不安な時は、考えないようにしようと思っても考えてしまう。

夜も昼も、ふと時間の踊り場で考える。そして、心配や不安が雪だるまのようにふくれあがっていく。そして、その心配や不安がいつしかきっと起きるに違いないと思うようになる。臆測が次第に現実味を帯びてくる。いつしか、いても立ってもいられなくなり、やがて恐怖に変わってくる。

あなたはなぜ不安になっているのか、何を心配しているのか、どうして心を閉ざしたのか。

そこを自分で分析することである。

なぜなら、幸せは悩みから見つけるものだからである。

背伸びしすぎて挫折した苦しみがあるように、時を待つことで幸せを見つけた喜びもある。

悩むことはいけないことではない。深く悩む人、そういう経験のある人ほど、大きな生きる力を獲得している。

失敗してしまったその日には、なんてことをしてしまったのかと悲嘆にくれることもある。でもしばらくしてから改めて思い起こすと、あの時の失敗がその後に生きていて、決して失敗ではなかったと思う。

「この悩みさえなければ」と「この悩み」に心を奪われてその日を過ごしている。「ああでもない」「こうでもない」といつまでも悩んでいる。

それは、自分はどう生きたいのか、その目的に気づかずに、今の自分が傷つかないように守っていたいという消極性から来ている。

子どもに離反された親が、自分のしたことに気がつかないまま「あの子は自由に生きたから」と言う。自分が離反されたという現実に触れようとしない、心理的に不健康な人である。

この親が見方を変えないのは「自分の価値が脅《おびや》かされるのを防ぐ」ためである。

心理的な課題を置きっぱなしにしている

好きな女性に振られて「あんな女」と無理して言い張った。

だが、そう言わずに、「なぜ自分は彼女が好きなのか」「彼女のどういうところに魅かれていたのか」「彼女と付き合うのに自分に足りなかったことは何か」などを考え、一つ一つ答えを出したほうがいい。そうすれば失恋を置きっぱなしにしたことにはならない。

心理的課題を解決するということは「現実に直面する」ことである。

その折々の心理的課題を解決して生きてきた人と、心理的に未解決な問題を抱えたままで生きてきた人では、高齢になってから同じ体験をした時に、全く違った解釈と感じ方になる。

アメリカの精神科医アーロン・ベックは、「うつ病者とうつ病でない人」では体験は同じようなものでも、体験の解釈が違うと言う。その通りである。

うつ病になった人は、過去のツケを払っていない。

うつ病になる人の「悩んでいる」状態は、今の出来事で悩んでいるのではない。

仕事で失敗した会社員が自殺した時、仕事の失敗を苦にして自殺したように見えるが、多くの場合は実はそうではない。仕事の失敗そのものが動機になって自殺する人は極めて少ない。

この場合、ほとんどのケースで、過去の心理的に未解決な問題が原因になっている。今の失敗はそれをにわかに蘇らせたに過ぎない。

心理的に未解決な問題を抱え続けるということは、死ぬまで無意味に悩み、苦しみ続けるという恐ろしいことなのである。

悩みや苦しみの原因を正しく理解することで人は成長する。

今の悩みの深刻さは、心理的に未解決な問題の深刻さと比例する。オーストリアの精神科医ベラン・ウルフの言うように「悩みは昨日の出来事ではない」。

同じことを体験しても、ストレスで体が変調をきたす人もいれば、何でもない人もいる。変調をきたした人は、無意識に蓄積された怒りが、その今の出来事に反応したのである。

何かあるとすぐに不愉快になったり、傷ついたり、イライラしたり、落ち込んだりする人がいる。これが神経症の特徴の強迫性である。

悩んでいる人には感情が制御不能になっている人が多い。その内面に抱えたままの心理的課題が、それ以後のその人の体験に多くのストレスをもたらしているからである。

この心理的に未解決な課題の蓄積は、ビジネスでいうところの「累積赤字の移し替え」である。当面はきれいに片づいたかに思えるが、問題は全く解決しておらず、近未来のどこかでカタストロフを迎えることは目に見えている。

「隠れ肥満」という言葉もある。一見、肥《ふと》ったようには見えないが内臓脂肪が溜まっている。心理的にも同じことが起きている。

心理的に未解決な問題が溜まっている。抑圧された感情が無意識に溜まっているのである。

なおかつこうして心に問題を抱えていても、外から見ただけではわからない。だから、心理的に問題を抱えていても、社会にうまく適応しているように見える人は多い。周囲の人からは社会的に問題のある人には見えない。そういう人は内面は悪いが、外面はよい。

自分で自分を理解する努力がなぜ大事か

自分は今までの人生でどういう人と付き合ってきたか。考えたことのない人は必ず振り返ってみてほしい。ここが、「自分で自分を理解できる、最も重要な手がかり」である。

これは、心の足跡をたどることである。心理的に未解決な問題を無意識に溜め込んでいる人には、心の足跡がない。

心理的に未解決な問題を抱えている人は嫉妬心が強く、受け身的攻撃性で人とは親しくなれない人たちである。無意識に蓄積された敵意が解決できていないからである。

恥ずかしがり屋の人も、なかなか自分を変えられない。それは自分の無意識の敵意に気づいていないからである。

心の足跡をたどるなどして、自分が自分をいかに経験するか。それに気づかないと自分を変えられない。

神経症者にとって、自分が自分をどう感じるかは大した問題ではない。

彼らは他人から幸せそうだと思われればいい。

自分が自分をどう思うかではない。そういうところに自己疎外が起きている。

彼らは自分のための人生ではなく、人に見せるための人生を送っている。

人から「偉い」と思われることで、自分を経験する。つまり「人からどう思われるか」にとても過敏になる。

そういう人はどういう夢を見るか。

大事な物、例えば海外旅行の地でパスポートをなくした、あるいは家に帰る道がわからなくなる。わかっているはずの目的地にどうしてもたどり着けないというような夢を見る。

人に見せるための生き方をしてきた結果が、アイデンティティーの未確立である。自分が自分でない、自己疎外から神経症になったのである。

だから神経症の人は他人と直接向き合えない。人といると常に居心地が悪い。

普通の人は、「私は何者であるか」とは考えない。

なぜなら、「私＝私」であるから。だからいつも、自分を体験している。

神経症的傾向の強い人は、いかにして自分を体験するか。

「幸せになりたい」よりも「幸せに見られたい」、「潜在的能力を開花させたい」よりも「有能な人と見られたい」という無意識の願望が満たされるような機会によってである。

ゆえに、自分に満足することが、普通の人よりも断然少なくなる。だから、人生がつまらない。

我慢して生きてきた人が溜め込んだ「心の借金」

子どもの頃、人から年齢にふさわしい扱いを受けなかった。

その怒りや不満を抑えつけていた結果、誰からも褒められたい人間になった。

大人になった今、接している人の態度によって、抑えていた怒りや不満がどうしようもなく溢れ出てくる。

そんな人の態度など無視すればいいのに、無視できないで、心が大きく揺れ動く。

関係のない人の態度が引き金になって、昔の屈辱感がこみ上げてくる。そして心がかき乱される。

精神科医フロム・ライヒマンが言うように、子どもの頃、母親から愛されなかった人は、対象無差別に人から愛されたい人間になる。

わかってもらえない人に対して、わかってもらおうと努力する。

そのことで感情が揺れ動いてしまう。悔しい気持ちになる。

悔しがることではないのに悔しくなるのは、子どもの頃から、気持ちを理解してもらっていないからであろう。

子どもの頃、誰からも気持ちを理解してもらえないで、悔しい気持ちを抑えていた。それが根雪のように心の底に積み重なっている。

その積年の恨みに、今関係のない人の一言で、火がつく。

通常一般には不愉快になるようなことではないのに、不愉快になる。

「八風吹けども動ぜず天辺の月」という禅語がある。その正反対である。

子どもの頃に一生懸命努力した。しかし、それを認めてもらえなかった。兄弟の中でいつも不公平な扱いを受けていた。それも我慢した。

何もかもが我慢我慢で成長して、大人になった。

心の底には計り知れないほどの悔しい気持ちが抑圧されている。

単純化していえば、子どもの頃からいじめられて生きてきた。

屈辱の上に屈辱が重なり、その重荷で心は押しつぶされそうになっている。そのことに気がつかないで、長年にわたって生きてきた。

意識的には心は屈辱に対して麻痺している。しかし、心の底ではちゃんとそのことは刻まれている。

今のかき乱される感情は、子どもの頃に、闘うべき時に闘わなかったツケのようなものである。

闘わないで我慢して、怒りを抑圧して生きてきたツケである。

子どもの頃から軽く扱われてきた。悔しかった。その悔しさを抑圧して、「よい子」を演じてきた。

その悔しさを誰も理解してくれなかった。

あまりの屈辱に、心は屈辱に対して麻痺していながら、孤独の中で怯えて生きてきた。

そうした中で、今怒りで心をかき乱されるほどのことでもない事柄に、心はかき乱される。

感情的に振り回されるようになったのは、それだけ解放されてきたということでもある。無意識にあるものが、今の体験で噴火前の火山のように動き出したのである。

しかし孤独だから、怒りながらも恐れも大きい。怒りながらも、それをあからさまに出したら何か大変なことになるのではないかと怯えている。直接的に表現できない。

母親固着の男性は、「依存と恐れ」の中で、恐れを抑圧している。

それは夢の中で現れる。

それは孤独と恐れである。

「断念すること」でそのようなトランスフォームはなくなる。

断念できれば過去の影響をかなり断ち切れる。

でも断念できない。

追い出したはずの怒りの感情が復活する

「赤ん坊の頃、おむつを替えてやったことを忘れるな」などと子どもに言う、とんでもない親がよくいる。

　こういう恩着せがましい親に育てられた人は、何かと人の言葉を気にして、すぐに不愉快になる。

　今目の前で何か言った人は、別に恩着せがましい気持ちで言ったのではない。

　でも、恩に着せられたと思って不愉快になる。

　今の不愉快な気持ちは、昔の不愉快な体験を再体験しているだけであるが、こういう人は物すごく不愉快になる。

　その時に、「なぜ自分は今、こんなに不愉快になったのだろう」とは考えない。

　相手を責めて、不愉快な気持ちに浸っているほうが心理的には楽だからである。

　不愉快さにさいなまれている自分に直面して、そこに恩着せがましい環境で成長した自分を見出し、それを認めることが、苦しいけれども成長につながる。

　真の自分に直面することは苦しみである。しかしその苦しみが本当の意味で、不愉快な気持ちから抜け出すことにつながる。過去の囚われからの解放である。

　今の悩みは、その人が過去の出来事にどう対処してきたかが影響している。

　つまり、悩みの核心は過去にある。

　過去に、ある人に対して怒りを感じた。しかしその人が怖いから、怒りを無意識に追放した。その無意識に追放された怒りが、今目の前の出来事を通して現れてきた。

それが今の悩みである。

その人は、今目の前の出来事に対して悩んでいると思っている。

イヤなことを同時に体験しても、その苦しみの内容が人によって違うというのは、こういう背景による。

過去の心理的に未解決な問題が変装して現れてきているのだから、その過去の問題を片づけない限り終わることはない。

だから、悩みはそう簡単に解決しない。

だから、そう簡単に自分は変わらない。

好きな女性に振られた男性が、「あんな女」とうそぶく。

失恋を置きっぱなしにしたくなければ、「なぜあの女性に振られたのだろう?」と考えながら生きるのが、心理的に問題を解決しながら生きるということである。

心理的課題を解決するということは「現実に直面し、自分が変わる」ことである。

今の失恋や失業やさまざまな困難よりも、過去の「現実に直面しない」ことのほうが心理的影響は大きい。

その時期その時期の心理的課題を解決して生きてきた人と、心理的に未解決な問題を抱えたままで生きてきた人では、今同じ体験をしても全く違った解釈と感じ方をする。

悩みの泥沼にはまり込んで、身動きできない人がいる。

悩みの核心は過去にある。

心理的に未解決な問題を抱えたままで、それまで生きてきた。

自分は変わらないままで生きてきた。

自分は変わらないままでいることに気がつかないで生きてきた。

だから、過去のツケを払っていない。

今の出来事で悩んでいるのではなく、心理的に未解決な問題に、今自分は振り回されている。心理的に未解決な問題が、その今の出来事を通して現れてきているのである。

仕事の失敗を理由にして自殺する人がいる。

しかしこういう場合も、過去の心理的に未解決な問題が、そのような形で表現されたのである。

仕事で失敗する人は山ほどいる。でも多くの人は生き延びている。

自分はなぜこんなに苦しいのか――その原因を取り違えるから、悩みや苦しみは解決しない。

以前「ツッパリ」と言われたような、周囲に威圧感を与えたがる若者たちなどは皆、心理的に未解決な問題を抱えている。

彼らは人生に不安を持っている。

不安な人はほとんど、心理的に未解決な問題を多く抱えている。

その未解決な問題が変装した姿で現れてきた。だから、仕事の失敗などちょっとした苦しみでいつまでもくよくよしている。

今の悩みの深刻さは、心理的に未解決な問題の深刻さと比例する。

記憶には感情的記憶と知的記憶がある。感情的記憶が今の出来事に反応したのである。

ノイローゼになるような人は、何かあるとすぐに不愉快になったり、傷ついたり、イライラしたり、落ち込んだりする。そうした自分を変えようとは決意しない。

何か失敗した。しかし、その失敗を受け入れられない。それが心理的に未解決な問題を抱えたということである。

そしてその内面に抱えた心理的課題が、それ以後のその人の体験の解釈に影響を与える。

多くの人は、今に反応しているのではない。

その人の過去の心理的に未解決な問題が、今の出来事に反応したのである。

つまり、神経症的傾向の強い人は現在を生きていない。

「縁の下の力持ち」がうつ病になる理由

「自分は会社で冷遇されている」と悩む人がいる。

事実としてはそんなことはないのに、なぜそう感じるのか。

今の上司のクールな態度が、昔の会社での冷遇の記憶の引き金になっている。

気にしても仕方ないことが気になった時には、昔の何かが再体験されている。

いつも怯えて失敗を恐れている人は、「癒やしのない人生」を送ってきた。そういう社会的枠組みの中で生きてきた。

「癒やしのない人生」の中で、知らないうちにそうした常に警戒心を抱かせる不安な感情を学習している。

過去の人間関係がもたらす人生の枠組みもある。

「過去にどんな人が周りにいたか」ということに、今の感情が支配されている。

過去の人間関係を引き寄せたのは、他の誰でもなく自分である。

こういう人に何よりも必要なのは、「感情の再プログラム化」である。

母親固着から成長していない人を病気にたとえれば、「心にがんを持っている」と言ってもいいだろう。だが当人は、自分は心に悪性のがんを持っているという自覚がない。

「感情の再プログラム化」が必要なのは、こういう人である。

例えば、うつ病になるような人は、家族の中で「縁の下の力持ち」というような位置付けで成長してきた。実質的にはその家を支えながらも、家の中では立場の低いところにいた。

この人は、そのようなあり方を本当は喜んでいなかった。

家族の中には、必ず好き勝手なことをして、しかも立場が保証されているようなずるい人がいるものである。

この人は、当然そのずるい人への憎しみを無意識に持っていた。

しかし、うつ病者を生み出すような家庭では、えてして攻撃性を表に出すことは禁じられている。具体的には、兄弟喧嘩《げんか》のような感情のぶつかり合いは禁じられている。

するとしわ寄せは、我慢している人に来る。

家族の中にはいつも我慢する人と、いつもわがままな人とが出てくる。心を病む人が生まれてくる集団は、どこかでこのような構造をもっている。

我慢する人は、憎しみを心の底に抑圧しながらニコニコしている。規範意識も強い。まず全体のことを考えて自分のことを後にする。

しかし、喜んで自分のことを後にして全体のことを優先しているわけではない。悔しさや怒りを心の底に溜め込みながら、全体のことを優先しているのである。

そして我慢する人がいる一方で、他方にはやりたい放題をする利己主義者がいる。家族に限らず、これが心理的に病んだ集団の構造である。

そして子どもの頃、家族の中で我慢することを強制された人は、大人になっても集団の中で同じような立場に追いやられる。すでに従順性や犠牲心が学習されているからである。

我慢する人は、自分が集団の中で受け入れられるためには、そのような立場を引き受けなければならないと感じている。そう学習している。

別の言い方をすると、自己蔑視が身に付いている。常に人に何かをあげることでしか人と付き合えないと感じている。

逆の場合も同様である。

家族の中でわがままな立場で成長した人は、大人になっても集団の中で利己主義者になる。自分のわがままが通らないと怒りを表す。

利己主義者は、社会の中でいろいろと人間関係のトラブルを起こす。

わがままを抑圧しながら成長した人は、トラブルを起こさないように我慢する。しかし、大人になっても心理的には不安定なままで生活している。

そうして心理的には不安定な人の目の前に、昔その人を苦しめたようなわがままな人が現れる。

すると自分が抑圧した幼児的願望が刺激される。利己的な願望が活性化する。苦しいのは当たり前である。

しかし、その願望を意識から排除し続けなければならない。そこで心理的にパニックになる。

なぜか腹が立つ相手は、自分の願望を体現している

そのようないきさつで心理的に病んだ母親が、目の前でわがままにふるまう子どもを虐

待しても不思議ではないだろう。

子どもを虐待する親は残虐だと思っている人は誤解している。この誤解は世の中によく起きていることである。

理由がわからないけれども「あいつに腹が立つ」という時には、実は自分がしたいけれどもできなかったことを、その人がしているのかもしれない。

理由がわからないけれどもその「腹が立つ」人こそ、子どもの頃の自分が、やむなく心の底に抑圧しなければならなかった願望の体現者なのである。

自分を変えるためには、「まさか」と思うことを疑ってみるといい。それが自己実現への道である。

なぜかある種の人々に激しい怒りを感じるとか、妙にイライラするとかいう時には、自分の中に同じような願望が抑圧されている可能性がある。

イライラするのは極めて不愉快な体験である。

でももしかすると、自分で自分を不愉快にしているのかもしれない。

私は、抑圧の結果で最も恐ろしいのはこのことであろうと思う。

子どもの頃に麻疹《はしか》にかかっておけば、軽く終わるのと似ている。

子どもの頃に満たされれば大事にならないのに、満たされなかったがゆえにもっと切実な欲求になっている。大人になってどうにもこうにも始末のつかない人間が出来上がるのは、このためである。

本人も自分の感情を持て余し、苦しんでいる。しかしまた周囲の近い人間にとっても手の施しようのないほど、重苦しく扱いきれない人間になる。

極端なわがままであり、とても応答しきれるものではない。本人の中で、すでに要求が矛盾している。周囲の人間がどう対応しようと彼は不満である。自分の中のある要求に対応すれば、それと矛盾するもう一つの要求が拒否される。

誘われても不満だし、誘われなくても不満である。甘えられても不満だし、甘えられなくても不満である。しかも甘えの願望は子どもの頃よりも強くなっている。甘えても甘えても満たされない。

子どもの頃よりもっと甘えの願望が強くなっているくせに、そのようなものはないという「ふり」をしなければならない。

自分にはまだ甘えの願望があるのだが、「ある」ということが神経症的自尊心を傷つける。甘えの願望が異常に強いのに、それが「ある」ということを認められない。認めないでそれを満たそうとする。これほど始末の悪いことはない。不満を解消する方法がなくなっている。

リスペクトされないと不満である。馴れ馴れしくされると不満である。しかし、親しくされないと不満である。親しくされないと欲求が満たされない。しかし、親しくされると神経症的自尊心が傷つく。どうやっても不満なのである。励まされても不満だし、励まされなければつらくなる。

指図されれば不愉快なのに、指図されなければどうしていいかわからない。構われるとうるさいと感じるのに、構われないと寂しくて仕方ない。声をかけられても、かけられなくても、どちらにしても幸せになれない。

一緒にいなければ寂しくてつらいが、一緒にいると不快だし、わずらわしい。

まさに八方塞がりの状態に追い込まれる。

うつ病者の際限のない受け入れ願望というのが、この抑圧の結果であろう。

ひねくれてしまって手に負えないという人が時々いる。おそらく子どもの頃に心理的な麻痺を経験しなかったのであろう。

「隠された敵意」が自分の思いを邪魔する

イギリスの精神分析学の権威であるジョン・ボウルヴィの言葉がある。

愛情深い両親によって育てられた子どもは、しっかり根をおろした愛情を発達させる。

不安で不確実な愛情によって育てられた子どもは、心に深く残る敵意を発達させる。[注3]

その人がどのようなパーソナリティーであるかの基本は、「隠された敵意」がどうなっているかである。

「隠された敵意」があれば、他人のちょっとした言動で心が動揺する。

他人の言葉ですぐに心が動揺し、なんとなく不満である。

ここで重要なのは「心に深く残る敵意を発達させる」という部分である。

心に深く残る敵意である。そしてそれを意識化して消化しない限り、生涯その抑圧された敵意に支配されてしまう。

「隠された敵意」を持っている人は、その時点ですでに自分が変わる「内なる力」を破壊されている。

有名な映画監督が言ったとされる言葉がある。

人は過去からしか学ぶことはできない。
過去を学ばなくては、先に進むことはできない。

だから、前進するために、自分の過去を、「隠された敵意」の正体を突き止め、それを消化することである。

そうすることが、「新しい命は古い命からつくられる」と言われるごとく、「新しい自分」につながる。

「自分を変えたい」と思う理由は、自分を抑えて生きてきたからである。

そこには安らぎがなかった。信頼もなかった。なぜなら自分を抑えなければ関係が保てないから。

自分を抑えなければ保てない関係は本当に疲れる。

嫌われないように常に細心の注意を払わなければならないからである。ビクビク、オドオドの態度は不安な感情の表出である。

こうして無理をしながら決して報われない時、人は「自分を変えたい」と思う。

「自分は野球が下手だと認めるのに三十年かかった」という人の話が参考になった。

この人は三十年かかって意識領域を拡大したのである。

この人は、自分は野球が下手だという事実を一つ一つ認めることで、一つ一つ成長していったのである。

これは、自分に正直になることで、自分を再教育し、人格の再構成につなげたということである。自分の限界を受け入れたということでもある。

自分は不幸だと思っている人は、そういう思いに自分は今、酔っているのだと考えることである。

多くの人が、大したことのない小さな不幸を受け入れることができないのは、なぜかと言うと、それはその小さな不幸が、抑圧している大きな不幸を刺激してしまうからである。

今感じている小さな不幸が、意識から追放していた過去の耐えられない大きな不幸を気づかせてしまう。

資格取得試験で不合格になったというような不幸が、本当の不幸に直結してしまう。だから不合格ぐらいで自殺する人がいる。

そういう人にはすでに深刻な心の葛藤があり、それが心の容量を超えてしまっていたのである。

人はそもそも変わることを怖がっている

そもそも多くの人は「変化を恐れる」のである。

“BORN TO WIN”という本の中に次のようなことが出てきた。

つまり現代人はいろいろな仮面をかぶって生きている。そして自分自身の真の姿に出会うことを恐れている。

多くの人は自分の最悪の面を発見するのではないかと予測している。しかし事実はそうではない。隠された恐怖は自分自身の最良の面を発見するのではないかということだ。[註4]

私はこの文章を読んだ時、「自分自身の最良の面を発見することを恐れる」人がいるなどとは考えられなかった。

しかし、なぜかその文章が気になっていた。そんな馬鹿なことがあるものかと思いながらも。

よく考えてみると、確かにそのような面があるような気がしてきた。

例えば、自分は愛されるに値しないという自己イメージを持った人がいる。

その人は自分を隠して生きている。そして心の底では自分はありのままの自分では好かれないと感じている。

この人が真の自分に出会うことを恐れているのは、自分の最悪の面を発見するのではないかと恐れるからである。

確かにそういう点はある。しかし、真の自分に出会うことを恐れるのはそれだけではない。

自分の愛すべき点を発見することも恐ろしいのではなかろうか。

自分の長所を発見することの恐ろしさ——確かにこのような恐怖は考えにくい。

しかし、このような恐怖はやはりある。それは変わることとの恐怖であり、未知への恐怖である。

つまりその人はその時まで、自分は愛されないという前提で行動してきた。自分は、そのままでは他人から愛されないという前提で、人と付き合ってきた。

愛されるためには、相手に何かを与えなければならないと考えてきた。

お金やモノ、あるいは労働奉仕か、服従することで相手の支配欲を満足させるか、迎合することで相手の無力感を解消するか、性的満足を与えるか——何かを与えないと自分は相手から愛されないと思い込んでいる。

そのような前提で行動し、その上で相手から愛されることに慣れている。そのように自分を守ることに慣れている。そのような言動は自分の中で習慣化している。それが自分の住み慣れた世界なのである。

住み慣れた世界から出たくない

こんな話を読んだことがある。

犬に新しい大きな小屋をつくってあげた飼い主がいる。

ところが犬はその新しい小屋に入らない。いつまでも古い小屋で寝ようとする。

そこで飼い主は、古い小屋の入口を板でふさいでしまった。

するとある朝、犬は古い小屋の屋根の上で死んでいた。

おおよそ、そんな話であったと思う。

また、次のような話もあった。

ある男が森の中を歩いていて一羽の鷲《わし》の雛《ひな》を見つけた。

その男はそれを捕まえて家に帰り、鶏《にわとり》と一緒に飼っていた。

鷲は鶏の餌を食べ、鶏と同じように行動するようになった。

博物学者はそれを見て、これは鷲だと主張する。

しかし飼い主は、鶏と同じように訓練してきているし、飛ぶことを学んでいないので、もう鷲ではないと主張する。

そこで、どちらが正しいか試してみることになる。

博物学者は、そっと鷲を抱き締めて、

「おまえは地の者ではない、天の者だ、羽を伸ばして飛んでごらん」と言う。[註5]

しかし、鷲は当惑するだけである。そして鶏と一緒になろうとする。

翌日、博物学者は鷲を屋根の上に置いて、同じことを言う。

やはり鷲は、鶏の餌を求めて地上に飛び降りる。

翌日の朝、博物学者は鷲を高い山の上に連れていった。そこで頭上高く差し上げて、もう一度同じように言う。

鷲は周囲を見渡し、鶏小屋の方角を振り返り、空を見た。

しかし、飛ばなかった。

博物学者は鷲を太陽のほうに向けて差し出した。

鷲は体を震わせて、ゆっくり翼を広げ、遂に雄たけびを上げて、天に舞い上がっていく。

この話の中で、飛び上がろうとしない鷲を、未知の自分と未知の世界を恐れていると説明している。[註6]

確かにその通りであろう。

この話は実際の自分に照らして考えさせられる話である。

「自分は愛されるに値しない」という自己イメージばかりではなく、人はとにかく住み慣れた世界から出ることを恐れる。

われわれが未知の自分を恐れるのは、それと同じである。自分の知らない世界といっても、自分が旅したことのない世界というのではない。自分の知らない心の世界である。

自分は今まで人の意志に従って生きてきた。すると、自分の意志で生きることを恐れるようになる。

人の意志に従うことには慣れている。しかし、自分の意志を自分の周囲に反映させることには恐れを抱く。

人の意志に従っているほうが安心なのである。

自分の意志で何かを決めなければならなくなると、不安で夜も眠れなくなる。

人に従うことばかりで生きてくると、人を指導するのが怖くなる。

人の意志に従う自分は、既知の自分である。しかし、人を指導する自分は未知の自分である。

意志を持った自分というのは、未知の自分なのである。その未知の自分として行動するのは怖いのである。

鷲も山の上で、鶏小屋を振り返り、空を見上げて、それでも飛ばなかった。[註7]
やはり鷲は鷲であり、鶏は鶏であり、モグラはモグラである。
鶏には鶏の世界があり、モグラはモグラの世界で生きている。

高い木の梢《こずえ》の突端に鳥が一羽止まっている。風のなかで梢が大波のように揺れているけれども、鳥は梢と一緒に揺すられながら一向平気で、目を回してしまうことはない。
それから地の中を掘り進むモグラは、ぐるりがいつも真っ暗闇なのに別に恐れる気配もみえない。[註8]

自分の考えで生きるのが不安になってしまった

私は、アメリカの心理学者であるデヴィッド・シーベリーに大変興味を持ち、彼の本を何冊も翻訳している。
シーベリーの言葉をいくつか紹介すると、次のようなものがある。

松の木はその枝を伸ばそうとします。樫《かし》の木と張り合おうとしているわけではない。[註9]

自分の歌を歌う詩人になりなさい。自分の色を持った画家になりなさい。[註10]

自分自身であることの権利を信じつつ、敢《あ》えて目標を定め意図を明確にするならば、人生を心配ごとで曇らせるようなことはないでしょう。[註11]

人生には貴方《あなた》本来の資質に反するような義務はないのです。貴方があると思い込んでいるだけなのです。[註12]

たとえそれが真の自分でなくても、人は慣れてしまった世界で、慣れた自分として生きようとする。

そのほうが不安がないからである。しかし、そのような生き方は、神経症的な生き方である。

それほど興奮と感動がなくても、不安を避けたいというのが人間であろう。

新しい自分への挑戦には不安が伴う。何の自己主張もしないで生きてきた人にとって、自己主張するよりも、人の言う通りに生きていたほうが安心である。安心というよりも、そのほうが不安を避けることができる。

慣習に従って生きてきた人にとって、自分の考えで生きることは不安である。決められたことを決められた手続きでやってきた人にとって、自分の責任でそのことを処理することは不安である。

規則にないことを自分の責任において行うというのは不安である。

規則に従って事が運ぶのではなく、自分の意志で事が動いていくというのは不安である。

人に言われた通りにやり、自分の責任を感じることなく生きてきた人は、人の上に立って、自分の意志で、自分の責任で、新しいことを始めると、不安で夜も眠れなくなる。

昇進してうつ病になったり自殺したりという人は、あまりにも長く人の意志に従って生き過ぎたのであろう。

それなら慣れた自分で生きていけばいいではないか、という考えもあろう。

しかし、そのような生き方には喜びがない。そしてやはりいつか行き詰まる。

その行き詰まりを解消しようとするのが、他人への干渉なのである。

他人を操作したり、干渉したり、非難したりという形で、自分の行き詰まりを解消しようとする。

神経症者は、自分の成長のために自分のエネルギーを使わないで、他人を操作するために使うという。

先に挙げた"BORN TO WIN"という本の中に次のような文がある。

自分の能力を、自分を成長させるために用いないで、他人を巧みに操るために用いる人間を神経症と呼ぶ。[註13]

この神経症の定義は見事である。

「敗者は他人との親密な関係を持つ代わりに、相手を操作して相手を自分の期待に沿わせようとする」と、交流分析の本などでは解説している。

また、相手の期待に沿うようにと自分のエネルギーを使う。自分の能力を、自分を成長させるために用いないで他人を巧みに操るために用いるばかりでなく、人の足を引っ張るために用いている人も多い。

もし自分自身であり得ないのなら悪魔になった方がましだ。[註14]

とは、先に挙げたシーベリーの言葉である。

世界を眺める視点を増やすと生きやすくなる

平屋に住みたいと思っている高齢者がいた。

その人の家は三階建てだった。

階段の上り下りがつらく、引っ越したいと思っていた。

しかし、知り合いに、階段は筋肉を鍛えるから三階建てにいたほうが九十歳まで歩けると言われた。

その言葉を聞いて、悩みの種だった家が希望の家になった。

このような思考の転換を、パラダイム・シフトという。

パラダイム・シフトとは、多面的な視点で世界を見ることができるようになることである。

ある先生には好きになれない生徒がいた。

その生徒の服装はいつも汚れていて、成績も悪かったからである。

しかしある時、その生徒は二年生までは優秀な子だったことを知った。三年生の時に母親が亡くなり、父親もアルコール依存症になってしまったことから、生徒の人生も変わってしまったことを知った。

その経緯を知って、先生のその生徒を見る目が変わった。

この先生には、パラダイム・シフトのための心の柔軟性が身に付いたのである。

少し行動を変えてみることがパラダイム・シフトのきっかけになることもある。

他人の間違いを見つけては非難する人がいた。

競争社会に毒されている人であった。

しかしある日、自己防衛のための非難を止めた。

すると周囲の人々が優しく見えるようになった。

活動の塊《かたまり》を捨ててみると、認識の仕方が変わる人もいる。

今を生きるのがつらい人、生きることに疲れた人が、生きがいを持つために必要なのはパラダイム・シフトである。

自己執着があれば、なかなかパラダイム・シフトはできない。

マインドフルネスで無心だとパラダイム・シフトができる。

パラダイム・シフトをするためには、マインドフルネスでなければならない。つまり、多くの視点で物事を見るようになっていなければならない。

パラダイム・シフトをするためには、新しい情報に心が開かれていなければならない。

人の苦しみを知って、その人と自分の違いを認識して、パラダイム・シフトができて、今の悩みが和らぐということがある。

だから、「これは必ずこうであるべきだ」というふうな神経症的要求をしている人にはパラダイム・シフトは難しい。さらに自己中心的な人にはパラダイム・シフトは難しい。

なぜなら、自分の必要性が絶対の優先権を持っているからである。

自分だけが悩んでいると思っている人がいる。

こういう人が、他の人も同じように悩んでいると知った時に、パラダイム・シフトが起きる。

悩んでいるのは「自分だけではない」と気がつくことが、新しい情報に心が開かれたということである。

あるいは、今の自分の苦しみは「過去のツケ」だと気がついた時にパラダイム・シフトが起きる。

パラダイム・シフトができない人が陥っているのは、感情的盲目性という状態である。

悩みに苦しんでいても、それが人生の試練からの解放に自分を導くということを知らないで、その立場に固執するのが神経症である。

自分の立場に固執するということは、自分の視点に固執するということである。

このことをマインドレスネスという。マインドフルネスの反対である。

今、自分が立っている視点以外にも視点はいくつもある。そう考えることができて、他の視点から物事を捉えてみる、それがマインドフルネスである。マインドフルネスは、人生を生きやすくする。

物事をこれまでとは別の視点から見るスキル

心理学の大家として知られるアルフレッド・アドラーが成功した秘訣は、「他人の目で見、他人の耳で聞き、他人の心で感じた」ことであると言う。

ここでいう「成功」とは、社会的な成功のことではない。「治療の成功」という意味である。アドラーは精神科医としてのパラダイム・シフトができていた。

人間は完全な存在ではない。それを認めることが生きる出発点である。

だから、完全主義者はパラダイム・シフトができない。物事の見方や評価の仕方を画一化してしまうことは、人間が生きていく上で安易な選択である。そして同時にそれは生きることを否定することであり、生きることから抜け出すことであり、死へ向かうことだからである。

「ナンバーワンのピッチャーになるためには、誰よりも速い球を投げるしかない」というような神経症的野心の持ち主も、パラダイム・シフトができず安易な道を選ぶ典型的な例である。

基本的不安感から抜け出す、最も安易な道は神経症的野心である。こういう人の物事の選択は、多面性を持たず常に一定の方向を向いているため、結局はすぐに行き詰まる運命にある。だからこそ最後には不眠症に陥るしかない。

ナチスの強制収容所から生還した精神科医ビクトール・フランクルは、「苦悩もまた人生を意義深いものにする」と言う。

これは、パラダイム・シフトである。

さらに、「苦悩は人生の最深の意味を充足する機会である」と言う。

フランクルによれば、人間が生きていく上で、「快感への意志」と、「権力への意志」の彼岸に、「意味への意志」がある。自分の人生の意味および価値が自分で認識できていること――このことが最も重要であると言う。

フランクルは、創造の意味と愛の意味を超えて、苦悩の意味の問題に突き当たる。「何のために自分は苦悩しているのか」を別の視点から客観視する。苦悩に意味を発見した人が、パラダイム・シフトできた人である。

物の見方や受け取り方の改善によって、神経症や精神症を治療する認知行動療法は、パラダイム・シフトを目指したものであろう。

コップに水が半分しかない時に、「ない」方に向いていた注意を、「まだ半分ある」という見方もあるのだと気づかせるのがパラダイム・シフトである。

パラダイム・シフトは、心のゆとりを必要とする。

私は、高齢と言われる年齢になってから、一年に一回人間ドックに入るようにしている。

ところが今年は、人間ドックに入る数日前に、突然喉に炎症が起きて高熱を出してダウンしてしまった。そして病院に行って点滴を受けていたのだが、隣の病室では人間ドックの検査が行われていた。

私は、「この体調ではとても人間ドックの検査には耐えられないから、今回はキャンセルしなければな」と思っていた。そして隣のようすを耳にしながら、検査を受けている人たちをとても羨ましく感じた。

人間ドックの検査を受けられるということはありがたいことなんだなと思うと、今までそれを、面倒くさくてイヤだと思っていた自分の感じ方に気づいて驚いた。

私は人間ドックに入ることはイヤなことで、できれば入りたくないと思っていたが、自分の感じ方一つで、それはありがたいことで羨ましいことになるのだとつくづく思った。

イヤだと思っていることも、別の視点から見ればありがたいことで幸せな出来事なのだ。

何か不快なことや不都合なことがあった時に、別の視点から見るとこれはどう見えるのか、と考える習慣を身に付けたいものである。

嫌なことがあった時には「長い目で見ると、これはよかったのだ」と自分に言い聞かせるようにできると、幸せに近づく。

新たな選択肢を見出す人の考え方

パラダイム・シフトするために視点を変える必要があるが、なかなか変わらないという人がいる。

人間は、最初の体験が心にしみつくものである

一度、あることを体験すると、二度目に同じ状況を迎えた時には、最初の体験に固執するようになるという心の傾向がある。

こうした傾向は、熟考する前に形成されてしまうと、ハーバード大学教授のエレン・ランガーは言う。

例えば、初めて食べたリンゴが腐っていた場合、その人は腐ったリンゴの味を、リンゴというものの味だと思い込む。

これがランガーの言う「とらわれ（＝早発的認知拘束）」である。

槍《やり》で戦うしかないと思っていた。でも鉄砲も使えると思う。それが視点を変えるということである。

人生のさまざまな場合において行き詰まった時には、視点を変えると新たな選択肢が見

える。

心の安らかさは、今目の前で起きている現実の認識の仕方に影響されるのだが、その認識のされ方が極めてアトランダムである。その人のそれまでの人生によって認識の仕方は違ってくる。そのため、同じ事実が違って認識される。

ある本に、著者の次のような体験が紹介されていた。

日曜日の午前中に地下鉄に乗っていた。

乗客はそれぞれ静かに座っていた。

そこに親子が乗ってきた。

子どもは騒ぎ回っている。皆は苛立つ。

著者も苛立《いらだ》ち、ついにもう少し子どもを静かにさせるようにその父親に言う。

するとその父親が謝りながら、今病院で母親が死に、どう考えていいかわからないところだと言う。

それを聞いて著者は、その子どもの騒ぎに苛立たなくなった。

また、心理学者シーベリーも、こんな例を紹介している。

ローニング夫人は不幸でした。夫のノイローゼが彼女の生活に深刻な影響を与えていました。彼女は何年も、夫の自分の扱い方に泣かされてきました。

そしてある日、夫人は夫の恐怖を真面目に観察し始めました。夫の状況を理解するのが実におもしろかったので、とうとう物語を書き、主人公に夫の生き方をさせてみることにしました。

新しい興味は、夫に関する不安から彼女を解放したばかりではなく、夫の精神のほうもそのままの状態ではいられなくなりました。[註15]

パラダイム・シフト――それは多面的な視点で世界を見ること。

敵意を持っている人が、好意を持って世の中を見るようなことである。

仏教にも「一水四見」という教えがある

ネイティブ・アメリカンが雨に濡《ぬ》れた時に私たちと違った感覚を持ったとすれば、それは雨の恵みを感じているからだろう。

雨を単に雨とだけ考えれば、体が濡れるから気持ちが悪い。

しかし、雨が降ることで大地に収穫がもたらされる。それが、自分が濡れる以上に嬉しいことなら、雨に濡れても気持ち悪くはない。

ネイティブ・アメリカンは全てのものの中に神聖な力を感じ取る。雷も、嵐も、その中に神の声を聞く。川の急流の中にも神の姿を見る。終わることなき太平洋のうねりの中にも神の姿を見る。花が咲き、そして散って行くのも、花の中に潜んでいる神のなせる業であると感じる。自然は神の表われであると思っている。[註16]

神がさまざまに「姿かたち」を変えて現れてくるのが自然であると感じているならば、自然には逆らわないであろう。

人生が行き詰まった時には、思い切って視点を変える。

そうすれば、傷ついた小鳥に涙する優しさが出てくるかもしれない。

物事が違って見えるようになったから。

同じことが、あなたを傷つける言葉を吐いた人についても言える。

その人は劣等感の強い人で、自分を守るために言った言葉なのだと思える。

相手をどう見るかで、相手は自分にとって違った存在になってくる。すると相手が違って見えてくる。

新しい視点から見直すことができれば、死についての恐怖でさえ和らげることができるかもしれない。

人間の意志では動かしようがなく固定した死ですら、ネイティブ・アメリカンの視点で捉えれば違って見えてくるのである。

仏教の教えに「一水四見《いっすいしけん》」という言葉がある。

水は、餓鬼には血に見え、魚には栖《すみか》に見え、人間には水に見え、天人には瑠璃宝石に見える。見る者が変われば、同じ物でも見え方が変わるということを教えている。

木を見て、「これは木だ」と思う人にはただの木に過ぎない。しかし、ネイティブ・アメリカンは「ただの木」と見ない。

この木だって小さい苗木から大きくなった。大きな木は何も語らない。でもあなたに休息を与えるこの大きな木も、もともと大きな木ではない。そう思えば木を見ても、木を抱いても「頑張ってきたなー」と愛《いと》おしくなる。

花は枯れて、また同じように咲いてくる。ネイティブ・アメリカンは花を見て、花を心に刻んだのであろう。花を見ているといろんなことを思い出すのではないか。また咲いてきた花を見て「あー、あの時に古老は笑っていたな」と思い出すのではないだろうか。花は来年咲くから今は枯れる。そして花を見て「今年もこの花は咲いたな」と感慨に耽《ふけ》る。変化がなければ、それは造花である。変化を受け入れる人は、思い出のある人である。変化は生きている証しである。変化がなければ、人間ではなくロボットである。

違う価値観を持った人と付き合う

敵意を持っている人が、好意を持って世の中を見る。これができれば、その人の人生は変わってくる。

敵意を持って相手や世の中を見ているうちは、自分が周囲に対して敵意があり、その敵意を相手に投影する。そして相手が自分に対して敵意があると思う。だから、ものの見方がずっと変わらない。

満足している人と不満な人は、同じ世界に住んでいるのではない。

不満な人には、満足している人が持っていない焦りや敵意が心の中にある。だから、住んでいる心の世界が違う。同じ世界で同じようにものを見て同じように感じているということはない。

焦りと敵意を手放し、満足している人の世界を知るためには、現実を見る視野を広げることである。

「現実の自分」と「理想の自分」の乖離《かいり》をなくすためには、視野を広げることである。そのために、違った価値観の人と付き合うというのはいい方法である。

どちらかが正しいという発想を止める。

置かれている状況が違うことを理解する。

思い込みによる不幸に気づき、それから離れるようにする。

少し視野を広げれば、少し価値観を変えれば、幸せになれるのに、幸せになれない人が多い。

視点を増やすこと――それが幸せへの道である。

一つの価値を絶対だと思わない人になる

子どもがいないのが不幸だと言う人がいる。

離婚したから不幸だと言う人もいる。

しかし、子どもがいない人に不幸な人が多いという事実はない。離婚したから不幸だという定義もない。

離婚原因をすべて相手に押しつけるような、マインドレスネスな人の心のあり方が不幸の原因である。結婚という価値を相対化できずに、「結婚＝善、離婚＝悪」という一つの価値を絶対化しているから、不幸になるしかないのである。

失敗した時に過剰な反応を示す人がいる。

こういう人は、失敗を「あってはならないこと」と考えている。そしてそれを自分の弱点と結びつけて解釈する。自己評価が低く、悲観主義の人である。

誰かと比べて何か一つ欠けていると、それで自分は他人より劣っていると考える。

こういう物の見方は、うつ病者の視点である。

相手が卒業した大学が自分より有名大学だと、仕事上の業績は自分のほうが上なのに、相手のほうが優れていると感じてしまう人がいる。

誰でも完全ではない。誰でも何かが欠けている。その欠けたことをどう認識するかが問題なのである。

彼らは「これは自分に欠けている。でも自分はこれだけの仕事をしてきた」と相対的に自分を捉え、評価することができない。

そこで「私は何々を持っていない」と言わないで、「私は劣っている」と自分を表現する。うつ病者の認識は、このように極めて「いいかげん」である。

異なった視点から自分の行動を見られる人のほうが、葛藤も少なくなる。

以下はハーバード大学教授エレン・ランガーの、視点を変えることの重要性についての解説である。

ナポレオンがなぜモスクワ制圧に失敗したのか。

①ロシア側の将軍クトゥゾフは、軍の一時的な首都撤退を、勝利への過程と見ていた。

②ナポレオンは迅速なモスクワへの進撃を、敵の領土征服という視点だけからしか見ていなかった。

地の利を知るクトゥゾフは、その「侵略のルート」は、時間が経つにつれ、ロシアの冬の厳しさや、延びすぎた食糧補給に要する距離などの非常な困難にさらされ、「敗北のルート」に変わって行くと考えていた。

その時その時の状況を、眼に映っている事実だけで解釈するのではなく、原点から始まって全体の構図の中でその状況を考えると、全く違って見えてくる。

同じことが今の日本でも言える。

東京大学を出て官僚や一流企業の社員になる道を、人生成功の道と見ている人がまだ多くいる。

しかし、官僚になっても自殺する人がいることをどう見るか。

一流企業のエリート・ビジネスパーソンのうつ病増加をどう見るか。

それは「侵略のルート」も、視点を変えれば「敗北のルート」であったというのと同じではないか。ランガーの、

柔軟な心構えを育むには、私たちがネガティブと思う行動にも、当事者にはそうするだけの正当な理由があるのかもしれないと覚えておくことが助けとなる。

という言葉を肝に銘じておきたい。

第3章

幻を恐れていた自分に気づく

小さな心配事を大問題にしてしまう人

心理学者シーベリーは、困難と戦う時には激しい行動を伴うやり方のほうがよいと言っている。

世間の心配ごとの多くは、それにびくびくと対処しているうちに重大な問題にまでふくれあがってしまうのです。激しすぎる行動の方が、なにもしないも同然の状態よりずっとましです。困難に立ちむかうことにおいては、急進的な大胆さよりも保守主義のほうが危険なのです。[註17]

「どうしよう、どうしよう」と迷って何もしないでいるうちに、些細な悩みがすごいことになる。

リストラされるかもしれない、収入が絶えたら家族はどう思うか、生きていけないかもしれない、命に関わると思う。もうだめだと絶望感に打ちのめされる。

いつものように迷ってモタモタすれば、このようになって後手に回ることがわかり切っている。こんなふうにビクビクしなければ、そもそも恐れに対処しなくていいのだから、いっそのことビクビクする時間を消してしまうのである。

心配事を解決するために行動を起こす。

わからないことを調べる。どこかに聞きに行く。誰かに連絡を取る。いろいろな方法があるから、まずそれらを始める。

「うまくいかなかったらどうしよう」と考えないで、行動の途上で出てくる不都合な現実に対処するだけにすればよい。「痛い」と思った時に、一時的な対処法を探せばよい。それと同時に、問題解決のための行動は続ける。

「どうしよう」と思うことが起きた時には、その道が正しくないのだ。

今、歩いている道が正しくないからコトが起きた。今までの道が間違っていた。

今日からやり直す。生きていればいい。

まずそういう覚悟をする。

深刻な事態は長年にわたる生き方の結果だから、そう簡単に解決はできない。

そこで日々すべきことをする。

相手があってコトが起きているのだから、そう簡単に解決はできない。相手はわからない。

誰かに大事なことを言わなければならない。しかし言えないでいた。例えば恋人に隠し事がある。

それを言わなければと思いながらも言えない。

「今回のデートで言わなければ」と思いつつ、そのたびに言えない。今度こそと思いながら言えない。

そして隠し事がばれる。するとばれた時には大きなもめ事になる。

例えば学歴についてウソをついてしまった。有名大学卒業と言ってしまったが、実はサマー・スクールを受けただけだった。

そしてそれは当然のことながらばれてしまった。

そしてその恋は一時的に壊れた。

もしそれを言っていれば恋人とはもっと親しくなりこそすれ、壊れることはなかったと思う。その通りである。

その恋人が許せなかったのは、初めに会った時に学歴を偽ってしまったことではない。親しくなってもそれを言わなかったことなのである。

まさに「それにビクビクと対処しているうちに重大な問題になってしまった」のである。

言いにくいことは誰にでもある。言わなければならないと思いつつ、言えないことは誰にでもある。しかし思い切って自分から言わなければ、それはいつか取り返しのつかない問題になってしまう。

そしてそれが大問題になった時、「あの時に言っていれば」と悔やむ。あの時には、「言いにくい」と思ったが、大問題になった今から考えれば、それは大した問題ではなかった。

今となってみれば、それを言うことは何でもないことに感じられる。その何でもないことに感じられることが、その時には言いにくいと感じて言えなかったのである。その時に問題であったことは、今となっては問題ではない。

だから何か問題と感じていること、言いにくいとかいう問題は、今気にしているだけのことで、後から考えればそれは気にするほどのことでもないのである。

何か嫌なことがあって、その解決を先延ばしにしようとした時には、「この問題は後から考えると些細なことなのだ。今嫌なことと感じているが、後から考えると些細なことでしかない」と自分に言い聞かせることである。

「今、自分はこれを嫌なことと感じているが、これは元々はそんなに嫌なことではない」と自分に言い聞かせる。

「これを今解決することは、後でどれほどの不愉快な気持ちに苦しまなくてすむことになるかわからない」と気がつくことである。

大きなトラブルが少ない人がやっていること

言えば気まずくなるから、今は言いたくない。それは誰も同じである。

そして言わない。すると確かにその時には何もトラブルは起きない。

しかしそのトラブルが起きないということが、実は望ましいことではない。

その時には何のトラブルも起きない。

そこでホッとしている。「よかった」と思う。しかし実はよくない。

今見送ったトラブルの種が、一年後には大きなトラブルに成長している。

言いづらくても気まずくても、言わなければと思うことは思い切って言うことである。

「今言うか、それとも一年後に処置できないほどの大問題にするか、お前はどちらにするか」と自分に聞いてみるのである。

今言えば、それは今日だけの気まずさで終わる。例えば今回のデートが気まずいだけで、お互いの関係は一時的にせよ壊れない。

しかし今言わなければ、今はお互いに楽しい。しかしその楽しい関係は一年後には終わりになるかもしれない。その時には立ち上がれないほどの打撃を受ける。

その時に「なぜオレの人生には次々とトラブルが起きるのだ」と嘆く。

しかし、その人の人生にだけトラブルが起きているわけではない。

トラブルの芽を放っておいたのはその人ではないか。草は取らなければどんどん生えてくる。

草を取らないでおいて、「なぜ私の庭にばかり草が生えるのだ」と嘆いても仕方がない。隣の家の人は庭の草を取っている。

トラブルが少ない人がいる。

そういう人は特別にトラブルがないわけではない。

トラブルはある。ただトラブルの少ない人は、トラブルが大事になる前に大胆に対処しているのである。

だから、トラブルが少ないように見える。

トラブルが多い人と少ない人の人生では、それほど大きな違いがあるわけではない。

トラブルが多い人は小さな段階で対処をしていない。そこに大きな差が生まれているだけである。

トラブルを処理する時に、意志と同時に計画も大切である。

トラブルの少ない人は計画を立てている。

例えば恋人に学歴を言えない人がいる。

「今度は言おう」と思って、実際に言える人は、まず計画を立てる。

次のデートの時にはこうした服を着て行こう、眼鏡をかけて行こう、約束の時間よりは先に行って待っていよう、そして「こう切り出そう」と始めの言葉を考えている。

例えば「長いこと心に引っ掛かっていたことがあるのだけれど」と話し出すとかいうことである。

そうした計画を立てないでいきなり会えば、相手のペースで事は進んでいく。そして言えないままに時間は過ぎていく。やがて「言おう」という気持ちもしぼんでくる。

実行には準備が伴わなければならない。

さらに覚悟である。

そのことを言うデートは楽しくはないと覚悟する。その時も楽しくしようとすれば言いそびれる。

自分が嘘をついていたツケを払う時である。ツケを払うのだから大変なのは当たり前なのである。

つまりトラブルを小さな段階で処理するにしても、決断と具体的計画と覚悟の三つが必要である。

そうした意味で「言う」ということは成長するということなのである。

こうしたことを「言う」ということは、コミュニケーションできる人間になるということでもある。

「自分が変わる」ということは、エネルギーのいることである。コミュニケーションできない人にはそのエネルギーがない。

「言えない」人は悪循環に陥っていく。

神経症的人間環境の中で育った人にとって、心理的に成長するということはこの悪循環を断ち切るということである。やさしいことではない。

長い時間の中に置き換えて考えるとつらさが軽くなる

心理学者シーベリーの本に次のような話が出てくる。[註18]

「私はいつも、誰かが私の心を傷つけるのではないかと恐れながら暮らしているのです」

「主にあなたの気持ちを傷つけるのはどなたですか？」

「夫です」

「どういう時に？」

「たいてい、朝食の時です。夫が意地悪なことをいうと、一日じゅうそのことが胃にたまってしまって……」

「ご主人は、夜はどうですか？」

「そうですね、だいたい謝ってくれますわ」

「そういう時、あなたはどう感じるのですか？」

「もちろん機嫌が直りますわ」

それに対してシーベリーが言う。

「どうして朝、それを思い出さないのですか？」

注意の対象を変えることで、気分をよくできるではないかとシーベリーは主張する。

もっと長い時間的枠組みの中で考えれば、何か苦しいことがあった時、不愉快なことがあった時、つらいことがあった時、憂鬱になった時にすべきことは、「必ずこの心の傷が消える日が来る」と信じることなのである。

恋愛関係でつらいことがあった時、このつらい時が終わり、このトラブルが起きる前の楽しい状態に「必ず戻る」と自分に言い聞かせる。

五年前にあなたは何を悩んでいたか。

その五年前の悩みをあなたは今どう感じているか。

五年前、「もう生きていけない」と思った出来事は、今心の中でどうなっているだろうか。

では、十年前にはあなたは何に苦しんでいたか。

十年前にも、あまりにもつらくて「もう生きていけない」と思っていたのではないだろうか。

でもあなたは今も生きている。五年前にも十年前にも苦しくて「もう生きていけない」と思ったけれども、今もちゃんと生きている。

同じように今、あなたは「もう生きていけない」と思っている。

しかし、苦しみの原因となっているその出来事は、十年後には心の中で解決しているのではないか。

自分を守りたい人に困難が押し寄せる理由

心理学者シーベリーは先の、夫の意地悪のせいで胃が痛い女性について書いている。

さて、この女性はどうしてそうできなかったのでしょうか？

それは夫の言うことに注意を固定してしまっているためです。[註19]

この女性は確かに、自分の注意の対象を自分でコントロールできていない。

確かに自分の注意がある人に固定している時に、その人から別の人に注意を変えようとしてもなかなか変えられないものである。

今が苦しい時に、三年後の自分に注意を向けることはなかなかできそうもない。

しかしだからといって、今の不幸に意識を固定していたら、それこそストレスで死んでしまう。

親に愛されて育った人にとって、成長は茨《いばら》の道ではない。

親に愛されなかった人にとって、成長は茨の道である。

しかし成長すること以外に生き延びる道はないから、三年後の自分のために茨の道を行くほうがよい。

愛されることばかり求めている人の老後は地獄である。

そこから逃れるためには、愛を求める人間から、人に愛を与える人間へと自分を変える、成長する。それ以外に生き延びる道はない。

母なるものを持った母親、父なるものを持った父親に育てられた人は、気がついてみたら、人を愛することができる人間になっているだろう。

しかし、ノイローゼの親に育てられた人は、気がついたら人を憎む人間になっている。こういう人は自己執着と呼ばれる状態になっていることが多く、自分以外には愛する人はいない。この場合、「愛」という言葉は細かく考えると不適当なのであるが、それ以外により適切な言葉がない。

自分を守ろうとする人間は常に傷つく。

自己防衛が強ければ強いほど心の傷は深い。

しかし、人を守ろうとする人間の心の傷は癒やされやすい。

それは、人を守ろうとする人はエネルギッシュだからである。

人に理解を求める人は、人間関係のトラブルで苦しみ悩む。

しかし、人を理解しようとする人は相対的に苦しまない。

自己執着は悩みの原因であり、自己防衛は心の傷の原因である。

人はそう簡単に自己執着や自己防衛を脱することはできないけれど、それを乗り越える以外に生き延びる道はない。自分が変わる以外に生き延びる道はない。

自己執着や自己防衛を乗り越えるとは、視点を変えるということでもある。

自分から見ると「こう」だが、相手から見ると「こうではない」というように、視点を変えることである。

休みたくても休めない欲張りな人

人の心もエネルギーがない時は、ガソリンが底をつきかけた車のようになる。ガソリンがないことを知らせるランプが赤く点滅している。

自己執着や自己防衛をいざ乗り越えようと思っても、こういった胸突き八丁の時、「苦しくてもう止まりたい」という思いの時に当たってしまい、エネルギーがなければ、気持ちはあってもそれはかなわない。

そんな残念なことにならないように、自分から休むことが大事である。

執着性格者のよくない側面に、休めないということがある。休めないのは欲張りだからである。つまり嫌われるのが怖い。問題が起きるのがいやなのだ。

その欲張りな人には、若い頃の過労やデタラメが、歳を取ったツケとして出てくる。それで疲れる。今の疲労で疲れているとは限らない。

だからエネルギーがない時には、人生全体を見直してみるようにする。

お寺など、心の落ち着くような場所に行っても「いいなー」と思えないような人、自分の昔の武勇伝を語ってばかりいるような人などは、やはり相当に心が疲れている。

本当はずる休みをしたいのにできない。

自分という器以上に動いている。問題が起きるのは器以上のことをしているからである。だから疲れるのである。

嫌われたくない、問題が起きてはいやだと言って器以上に動こうとせず、生きている以上嫌なことはあると割り切って、人生をスリム化するほうがよい。

なぜ他人のために生きると不幸になるのか

「こうしてあげた」という思いが、自分を苦しめていることが多い。

こうしてあげたのに、こうしてくれない。それが悔しい。

何もしてあげなければ、何もしてくれないことに腹を立てない。

しかし、何かをその人のためにした時には、その後で相手が期待に反した行動を取ると、腹が立つ。

部下が上司に尽くした。

「あそこまで尽くした上司だから、自分は左遷されることはない」と思っていたのに、リストラされそうになっている。会社にありがちな悲劇である。

しかし、考えてみれば「自分に見る目がなかった」ということである。尽くす相手を間違えたのだ。

「人を見てやればよかったな」と思って諦めるしかない。

親子の間に生じる悲劇にも、そういう時がある。

親は「ここまで子どものために頑張った」と思っている。

それなのに子どもは親の言うことを聞かない。家に引きこもって働かない。働かないばかりか親を批難する。

親はだんだんと子どもを許せなくなる。

親の老後が不幸なのも同じことである。

「あんなに子どものために頑張って働いて育てたのに」と思う。それなのに子どもは親の老後の世話をしない。

親のほうが自分勝手に生きたと思っていれば、子どもに世話をされなくても、子どもを恨まない。

暮らし向きが同じ状態でも、人を恨んでいる人と、恨んでいない人では全く違う。

人を恨んでいる人は不幸で、人を恨んでいない人は幸せである。

いろいろな人間関係の悲劇は、このような行き違いによることが多い。

先に書いたように「見る目がなかった」ということが一つある。

もう一つは、「してあげたつもり」のことが、本当に相手にとって「してもらってよかった」ことなのかどうかである。

してあげたほうは「してあげたつもり」だが、「してもらった」ほうは実は決して喜んでいないということがある。

「してもらった」ほうは、「してもらってよかった」とは思っていない場合が、得てしてある。

この行き違いが多くの悲劇を生み出している。

自分で決められない未来に備えてできること

今日することが明日につながる。

一応明日につなげたけれど、明日は台風が来るかもしれない。もっと大変かもしれない。

地震災害にあう人は、まさか自分が地震で家を失うとは思っていない。

しかしながらそれが生きるということで、それでいいのである。

心底自分が「この道は楽だ」という生き方が見つかるまでは。

幸せを模索しながら生きるなら、「今日、目の前にあることをする」――この道を生きていかなければ。

心理学者シーベリーは、「意味のない悩み、訳のわからない悩み、目に見えない悩み、得体の知れない不安感、何なのと聞かれてもわからない」ことに振り回されるなと言う。

こういう得体の知れないことは常に人を疲れさせるから、気にかけてしまうとすごいことになってしまう。

「リストラされるかもしれない」などの不安がこれに当たる。

悩みの本質を見抜けなければだめである。あなたが決めることができないことを悩んでも意味がない。

リストラされるとか、老いてボケるとか、そういう自分で決められない未来に対してあなたにできることはただ一つ、覚悟することである。

相手とか運とかによって決まることだから、悩んでも仕方がない。

果てしない忍耐を求められる人生もある

「視点を変える」ことには心理的成長を必要とする。

「視点を変える」とは、例えば、自分の悩みを理解してもらおうとする人間から、相手の悩みを理解しようとする人間へと自分を変えることである。

自分を憎み、人を憎む人間から、自分を愛し、人を愛する人間へ向かう道は茨の道である。

それは「悲しみ」や「やりきれない気持ち」や「憂鬱」などの連続である。

これだけ苦しめば、明日はきっとよいことがある。そう思って、神様に手を合わせて、「もう、これで助けてください。十分苦しみました、明日は幸せをください」と言う。

しかし、次の日はもっと大きな苦しみに襲われる。幸せが待っていると期待した翌日は、新たな苦しみが待っている。

そして、「もうだめだ。いくらなんでもここまでやられなければ生きていけないのか」と思う。そしてもう一度「明日はよいことがある」と期待する。

もう一度神様に手を合わせて「今度こそ幸せをください」と、すがる思いで祈る。

でも結果は、また新たな苦しみである。

「ここまでつらいトラブルが続いたのだから、明日こそは必ずよいことがある」と思う。そう信じて祈る。

しかし、明日になると想像もしないような嫌なトラブルが出てくる。

それでも負けないで頑張る。そして「いくらなんでも、もうこれ以上はないだろう」と思う。

天に向かって、地に向かって、八方に向かって手を合わせ、「もう本当にだめです。もう勘弁してください」と祈る。

しかし翌日はまた、それを上回る嫌なことが起きる。

そこで死力を振り絞って生きる。明日を信じる。

「ここまで嫌なことが続けば、いくらなんでも、もう嫌なことはないだろう」と思う。

「ここまで嫌なことに耐えて生きてきたのだから、明日はよいことがある」と思う。

しかし、明日になると想像もしないような嫌なことが起きる。

「私は屈しない」――そう思って頑張る。「今日がどん底なのだから、明日はよくなるしかない」と思う。

しかし残念ながら、その日がどん底ではない。次の日はもっとひどいことが起きる。よく「雑草のように生きる」というが、親に愛されないで育った人は、雑草以上に強くならなければ生きていけない。

心身ともにボロボロになり、消耗し尽くした時に、止《とど》めを刺すような苦しみが襲ってくる。

それが誰からも愛されなかった者の成長の道である。

しかしそれにもかかわらず、この茨の道以外に生き延びる道はない。この茨の道を歩まなければ、憎悪の塊となって死んでいく以外にない。

人が憎悪の塊となった時には、同時に被害妄想になっているし、被蔑視妄想にもなっているし、被責妄想にもなっている。

誰もあなたを馬鹿にしていないのに、馬鹿にされたと思う。

誰もあなたを無視していないのに、無視されたと思う。

誰もあなたを責めていないのに、責められたと思う。

もう何もかもが悔しい。誰も彼もが許せない。人類すべてを殺したい。寝ても覚めても許せないことばかりである。

一時として心安らぐことはない。朝も心の葛藤、昼も心の葛藤、夜も心の葛藤、トイレの中も心の葛藤、息を吸う時も心の葛藤、息を吐く時も心の葛藤、葛藤、葛藤、また葛藤である。

それは、あなたが今逃げようとしている苦しみよりも、はるかにすさまじい苦しみの体験である。

死ぬまで嫌なことが続いても耐え続けると覚悟し明日を信じ続けるか、希望を捨てて地獄に落ちていくかの選択を迫られる毎日である。

それが幼児期に虐待されたり、精神医学者ボウルヴィの言う「親子の役割逆転」で親から愛を搾取されて育った人たちの運命である。

幼い命に甘える親ほど残酷な親はない。

それが「親子の役割逆転」である。

しかしいかに過酷な運命であっても、その自らの運命を受け入れる。そしてそれを自らへの挑戦と受け取る。

「神は私の力を試すために私を地獄に生み、はい上がろうとした時に再び私を地獄に突き落とした」と思い、この試練に挑戦する。神の与えた試練、それは栄光の試練でもある。

恵まれた人間環境で成長した人が与えられる地上の栄光などに比べれば、はるかに本質的な栄光である。

「明日こそは、明日こそは」と希望を持ちながら、毎日裏切られ続けても、それでも希望を捨てない。

棺桶の中に入っても希望を捨てない。それが希望を持つということである。

それがたくましい人である。

そういう人に贈りたい、心理学者シーベリーの言葉がある。


成功とは、はてしない忍耐で背を丸めているしゃくとり虫なのです。[註20]

しゃくとり虫には前進するリズムがある。

成功とは、毎日不愉快なことがあっても、耐えて、まず先へ進むことである。その不愉快なことでやる気を削《そ》がれないで、先へ進むことである。

あのしゃくとり虫のように、いくつもの足で少しずつ確実に前に進むことなのである。

根拠なき恐怖心に人生を支配されている

「私は幸せになる」と何度でも言い続ける。棺桶に入っても言い続ける。

自分は幸せになれる人間だと信じられるまで言い続ける。

幸せになれる人間だとノートに書き続ける。そしてそれを読み続ける。

そうして肯定的な自己イメージを作り上げれば、必ず幸せになれる。

今不幸なあなたは、幸せになる能力がないのではない。

能力はある。しかし、その能力を破壊し続けているのは、あなたの否定的な自己イメージなのである。恨みがましいパーソナリティーである。あなたの心の中にあるいろいろな種類のマイナスの感情である。

心理学者シーベリーは言う。


世間の心配ごとの多くは、それにビクビクと対処しているうちに重大な問題にまでふくれあがってしまう。[註21]

本来の自分の力に気がつけば、起きたことにビクビクする必要はどこにもない。自分には力があるのに力がないと思い込み、事態に対して恐怖心を持つ。

恐怖心から行動するので、トラブルにうまく対処できない。

うまく対処できない原因は、心の底の恐怖心である。しかし、その心の底の恐怖心には何の根拠もない。

何の根拠もなく思い込んだ恐怖心に、あなたの人生は支配されている。

例えば、今あなたが対人恐怖症だとする。そうしたら「今、私が怖がっている人の中で、怖い人など一人もいない」とまず自分に言い聞かせる。

「自己主張をしても恐ろしいことなど何も起きない」と自分に言い聞かせる。

捨てられるのが怖いという人は、「捨てられることはない。もし捨てられたら捨てられたほうがよい。捨てられたことは一時的に苦しいが、必ずもっといい人に出会える」と自分に言い聞かせる。

それらを大きく書いたポスターを作り、部屋の壁に貼っておく。毎朝毎晩そのポスターを見る。

恐れている人は本当に怖ろしい人か

「恐れているものは、怖ろしいものではない」ということについて、女性恐怖症の人を例にして考えてみる。

心理学者シーベリーの著作に、次のような話が載っている。

シーベリーがロンドンで、猛獣ハンターとお茶を飲んでいた時の話である。ハンターは、アフリカで生活していることが多かった。

ちょっと軽薄そうな女性が、さりげなくそのハンターに近づいて、耳元で何かをささやいた。

彼は真っ青になって手が震えてきた。

そしてお茶をこぼして部屋を出て行った。

彼は襲いかかってくるライオンよりも、女性の方が怖かったのである。[註22]

毒蛇のハブを捕っている人は、ハブを見るとお金に見える。

危険は感じるが、恐怖は感じない。危険なものが怖いわけではない。
目の前のものとの関わり方で、違って見えるのである。
逆に、その人の恐怖心が「怖くないものを怖く」する。
誰かに「迎合すると」その人が怖くなる。
現実は、自分がその人を怖い人にしているのである。
こんな話を読めば、あなたは馬鹿らしいと思うだろう。
しかしあなたが今恐れている人は、本当に怖ろしい人だろうか。
あなたは明後日ある人に会うことになっている。
そして今あなたは気が重い。
その人に会うことが嫌である。
その人に会いたくない。
その人を恐れている。
何となく会う前から心の中でその人に圧倒されている。
この恐れの構造は、猛獣ハンターと同じではないだろうか。
私たちは毎日不必要な苦しみを味わっている。不必要な感情の混乱をしている。

あなたは自分に何の害も与えない人を恐れているのかもしれない。

あなたにとって事実として危険ではない人でも、あなたが危険な人だと感じれば、あなたの脳は危険な人に対してと同じ反応をする。

今あなたが「したくない」と思っていることも、よく考えればしたくないわけではないかもしれない。子どもの頃からの体験の中から、あなたは「したくない」という情報を選んでいるのである。

あなたの無意識の領域にある何らかのマイナスの感情がベースになって、「嫌だなー、したくないなー」と思っているのである。

こういった心の構造を克服するには、もう一度過去から自由になって人生を立て直すことである。

毎日嫌なことばかりのあなたは、子どもの頃からあまりにもつらいことが多すぎた。

「ねばならぬ」という思考が人生を壊している

臨床心理学者アルバート・エリスは、「イラショナル・ビリーフ」に注目した。

イラショナル・ビリーフとは「理屈に合わない考え方」である。

例えば、「自分は万能でなければならない」という考え方である。

「私はもっと頭がよくなければならない」という考え方で生きていれば、人生が楽しくない。むしろ落ち込むことが多いだろう。そんなに頭のよい人などいないのだから。

このイラショナル・ビリーフにならって私は、「イラショナル・エモーション」ということを言いたい。

例えば、「信じるに値する人を信じられない」「誠実な人を疑ってかかる」などのような感じ方である。

子どもの頃からあまりにもひどい人に囲まれて成長すれば、信じられる人に出会っても信じられなくなる。信じるという能力が養成されない。

こういう人は、そこにいれば楽しいのが当たり前の場所にいても楽しくない。

極端な例のようだが、こういう人がかなりいるのである。

この感じ方の構造は、感情的記憶が形作るものである。

アメリカのテレビ局ABCが、「プライム・タイム」という番組で、子どもの幼児期の重要性を取り上げた。番組の名前は「幼児期から[註23]」であった。

その中でロックフェラー大学にある「音の聞こえない鳥かご」の実験が紹介された。その静かな鳥かごで育った鳥は、親鳥が鳴くのを聞いたことがない。するとその鳥も成長しても鳴かないという。

おそらく人間も、子どもの頃から楽しいことを体験しないと、「楽しい」ということを感じる能力が身に付かないのであろう。

これがうつ病者ではないだろうか。普通に考えれば楽しいことなのだけれども、彼らは「楽しい」と感じることができないことが多い。

普通の人は、うつ病になるような人をなかなか理解できない。それは、「なぜあれだけ恵まれているのに、幸せになれないのか」と思うからである。もし自分があの環境にいれば間違いなく幸せだと思われるケースは確かに多い。

ある本にはこう書かれていた。

およそ人がわずらう病のうちで、これほど共感を要求し、これほど共感をうることのない病があろうか。[註24]

なぜこうなるかといえば、それはうつ病者の感情が理解できないからである。

うつ病者の感情が、イラショナル・エモーションなのである。うつ病者は、そう感じることは不合理だけれどもそう感じてしまう。

普通、恋愛をしていれば気分は高揚すると思うが、うつ病者は高揚しない。普通の人から見て「楽しい」ことを経験しても、うつ病者は楽しくない。

私はこれらのことを、イラショナル・エモーションと呼んでいるのである。

私たちの人生を破壊するのは、このイラショナル・ビリーフとイラショナル・エモーションである。

この二つを取り除くことにエネルギーを使わなければならない。

イラショナル・ビリーフについては、それに気がつくことである。私たちは案外自分がイラショナル・ビリーフを持っているということに気がつかない。

例えば恋人にけなされたとする。責められたとする。非難されたとする。

するとひどく落ち込む。

しかし考えてみれば、「いつも恋人から賞賛されていなければならない」などと思うのはまさにイラショナル・ビリーフである。

落ち込んだ時に、自分の考え方がどこかおかしいと気がつくことはあまりない。ただただ恋人からけなされたことに痛手を受けて、落ち込んでしまう。

もしあなたが、落ち込んだ時には、ねばならないという考え方『ｍｕｓｔ』を探しなさい[註25]。

と、アルバート・エリスは言っている。

こうしたいのにできない自分が嫌い

イラショナル・ビリーフを探し出すことぐらいで、不快な感情の解決ができるものだろうか、と疑問に思う人がいても不思議ではない。

しかしこれを繰り返していると、少なくともそれをしないよりも気が楽になっていることに気がつくに違いない。

アルバート・エリスも訓練が必要だと言っている。

何十年もの間に身に付いた心の習慣を一日二日で直せるものではない。粘り強く練習することである。

イラショナル・ビリーフの人は「いつも二十四時間」で生きている。
その場その場がすべてという人である。
何十年という時間をかけて身に付けたものがない。
いつもその場その場で生きているから何も身に付かない。
常に今の苦労に対処している。
そしてその対処ができないと落ち込むのである。
執着があるから落ち込むのが長い。
そもそもの原点は、自分が嫌いだということにある。
落ち込むのは自分が嫌になったということである。
こうしたいのにできない自分が嫌い。
したいけどできない自分がイヤ。
その根底に、自分はこういう人間でなければならないという考えがある。

落ち込んでばかりいる人が抱えているもの

どうしても言いたいことが、なかなか言えない人がある。

「まただめだった」という経験の繰り返しの中で、ある時にやっと言いたかったことを言えた。

だが、一度言えたからといって、次の機会にまた言えるわけではない。

一度言えても次にはまた言えない。それが当然だろう。

従順を強いられて生きてきた人が、その心の習慣を変えるのは、まさに王国を築くよりもエネルギーのいることなのである。

すぐにそれができるようになるという考え方こそ、まさにイラショナル・ビリーフである。

不快な気持ちに悩まされる時に、今の自分の心のどこにイラショナル・ビリーフがあるのだろうかと探す。

そしてそれを是正しようとする。

それをして損をすることはない。それをしたためにもっと不愉快になるということはない。初めはその程度の期待がちょうどいい。

練習を積めば、それなりの効果が出るだろう。

そしてその効果は次第に大きくなっていく。

「言いにくいこと」を言わないで、恋愛が一時的に壊れてしまった場合にはどうするか。

わかっていても、怯えて適切に対処できなくて現実に大きなトラブルになってしまった時にはどうすればいいか。

怯えることなく対処することが望ましい。それはそうなのだが……。

しかし現実に、適切に対処しなかったためにコトが大きくなってしまった。その時には落ち込むかもしれない。

その時には「あの時に言えばよかった」と思う。言うに越したことはなかった。でも言えなかった。

しかし人間、いつもトラブルに適切に対処できるわけではない。

もし長いことひどく落ち込んでいるとすれば、それは「人間、いつもトラブルに適切に対処しなければならない」というイラショナル・ビリーフを持っている証拠である。

同じ人でも、元気な時には案外言いたいことを言える。トラブルに適切に対処できる。

それは、元気な時には「もっと、もっと」と欲張るからである。

「もっと、もっと」と求めるエネルギーがある裏には、事態を諦めていないということがある。事態がどうでもよいことになっていないのである。

しかし、エネルギーのない時には、言ったほうがよいことでもなかなか言えない。

誰だって元気な時と落ち込んでいる時がある。

だから何か言いたいことが言えなくて心の中に小さな不満が堆積し、落ち込んでいく時に、次のことに気がつくようにする。

「たとえ言いにくいことでも常にきちんと言わなければならない」というイラショナル・ビリーフを私は持っている。

いちいち落ち込むのは自分が嫌いだから

落ち込む人にはエネルギーがない。

人生の土台は希望であり、生きている限りは、人は希望を捨てていない。

落ち込む人がわかっていない問題は、理想的な人間と理想的な生き方とは違うということである。

理想的な生き方をしようと思った時には、人は現実とぶつかって修羅場をつくる。

修羅場をつくれない人にはエネルギーがない。

エネルギーがなく、理想を追えない時に、そういう人はイラショナル・ビリーフを持って、落ち込んでしまうのである。

長いこと落ち込んでいる人には、楽しいことがあっても、それを楽しいと感じる資質が十分に育っていない。

落ち込むべくして落ち込む環境にいる。

楽しい体験がないというのは、それを感じることができていなかったということである。

ある人がアメリカのロサンゼルスでお金を全部なくし、困って街を歩いていた。

すると街に明るいルンバの曲が流れていた。

その人は、「ルンバ!」と体を動かしてみた。

そして「まー、いいや」と思った。

その人はお金をなくして困っていたが、「お金がなければ生きていけない」というようなイラショナル・ビリーフに囚われていたことに、ルンバを踊った時に気づいた。それで命が救われた。

落としたお金に執着することもなくなった。

楽しくない人は、抱えているイラショナル・ビリーフの馬鹿馬鹿しさに気づき、それをちょっと脇にどかす方法を身に付けることである。

苦しんで倒れる人は、人生の出来事を「流れ」として受け取っていない。

だから、「それも人生よ」と受け流せない。

流れの中で、受け流すしかないこともある。

ナイル川が氾濫《はんらん》するから、エジプトには肥沃《ひよく》な土地ができた。

執着する人は氾濫をせき止めようとしている。

ルンバを踊っても、なくしたお金を忘れない人もいるし、「まー、いいや」と思う人もいる。

ケンカを吹っかけられて逃げた人がいる。

周りの人は、素早く逃げて怪我をしなかったのだから、よかったではないかと思う。

しかし本人は、「オレは逃げる人間であってはいけない」と傷つき落ち込んでいる。

イラショナル・ビリーフはその人の執着である。

この世にあり得ないことをやろうとして、自分を苦しめている。

病気なのに、「薬は体に悪い」と思っている。

自分はそれだけの器ではないのに、度胸や度量で物事に対処しようとしている。

逃げて落ち込んだのは、自分が嫌いだから。

立ち直れる人は、自分が好き。

いつまでも立ち直れない人は、現実を受け入れていない。

思うようにいかない自分。それで自分を嫌いになった。自分で自分にイライラしている。

問題はケンカから逃げたことではない。

「自分が嫌い」が原因。それが土台にある。

トラブルにつきまとわれる人

子どもの頃からできなかった人は今からでもいいから、いろいろな感覚を大事にしたい。

ルンバを聴いてもリズム感がなければ快さを感じない。

だから、リズム感がなければ「ルンバ！」と体を動かしてみることがない。

お金をなくして「まー、いいや」と思えない。

できないのに、やりたいことに執着する。

それをする能力がないのに、それをすることに執着する。

こういう人がトラブルに見舞われる。

相手が見えない。タイミングを計っていない。チャンスを待っていない。

自分も相手もわからない。こういう人にトラブルは付き物である。

トラブルは起きる。空気のように。

落ち込んでいる人は、実は世の中を責めている。相手を責めている。

悔しい。恨みを持っている。恨みを晴らせない。

それに気がついていない。

ゆえにそれに気がつかなければならない。

それなのにいつまでもイラショナル・ビリーフに執着している。

それを言わなければずっと執着する。

「不注意であってはならない」と執着している人が、お金を落とす。

しかし、土台は「不注意な自分」への恨み。その恨みの上に、お金を落としてしまったのだ。

そういう恨みのない人が、お金を落としたのとは違う。

お金を落として「今日はついてない」と落ち込む。

ツキのないことが落ち込む原因ではない。「ついてない自分」に対する恨みが土台にある。

そのことにまず気がつくことである。

そして、「いつも適切に対処できないからといって、自分をだめな人間だと思う必要はない」と自分に言い聞かせる。

そしてもう一度、「小さなトラブルでも、放っておくとどんどん大きなトラブルになるということをここで学んだ」と思えばいい。

そうすれば、「これだけ嫌な思いをしたのだから、もう今度は同じ過ちを繰り返すまい」と思うに違いない。

そして次に、何か言いにくいことがあった時には、この不愉快な嫌な気持ちを思い出すから適切に対処できるようになる。

次の成功へのステップになれば、今の嫌な気持ちは決して無駄ではない。

難局を乗り越えるためには時間をかけていい

人間関係のトラブルが起きて、「もうこれは乗り越えられない」と思う時がある。

この不愉快な気持ちは乗り越えられない、この心の傷は癒やせない――そう思う時がある。

人間関係でなくても、この難局は乗り越えられないと思う時が、人生には何度かある。

しかし、そんなことはない。乗り越えられる。

なぜそのような時には、そこまで深刻に考えてしまうのか。

「絶望だー」と絶叫していても、事態は何も変わらない。

そういう時には時期を待てばいい。すぐに乗り越えられなくてもいい。

乗り越えられると思える時期を絶えず探す。

乗り越えることを諦めない。

ただ嘆くだけの人は解決できない。

その人には乗り越えるタイミングや方法をじっくりと探すエネルギーがない。

エネルギッシュな人は、「なぜ探さないの？　それじゃ解決できないじゃない」と思う。

動かなければ解決できないのにそうしないのは、生きる能力がないから。

子どもが迷子になって、母親を探そうとしないで立ち止まって泣いている。これと同じである。

明日を信じて生きる人の強さ

花に水をやって、「私は幸せになる」と言ってみる。
鳥の声を聞いて、「私は幸せになる」と言ってみる。
食事する時に「私は幸せになるぞ」と言ってみる。
歩いている時に「私は幸せになるぞ」と言ってみる。
空を見上げて、「私は幸せになるぞ」と言ってみる。
そうやって今日一日生きられれば、あと十年は生きられる。
この苦しみの中で生きられたのだから、生きられる。
今日生きたことを信じなさい。
今あなたが食事したことを信じなさい。
今、自分が生きて、やっていることを自分で証明してあげる。

今、コーヒーを飲んでいるあなたの生命力を信じなさい。

今、何かを乗り越えているエネルギーを信じなさい。

今、歩いているではないか。よたよたしていても歩いているではないか。

「明日を信じる」ように自分を変えよう。

あなたは何のために生きているのか？

明日を信じて生きていれば、乗り越えることが不可能と思った心の傷を、いつか乗り越えている。

心に深い傷を受けた時、この傷は墓場まで持っていかなければならないと思ったりすることもあるだろう。

そう思うから生きていく気力がなくなる。

そうならない人は、「私は幸せになる」と何度でも言い続ける。

棺桶に入っても言い続ける覚悟で言い続ける。

そして、「自分のイラショナル・ビリーフは何なのか」と考える。

「自分の考え方のどこが非現実的なほど高い期待なのか」に対する答えを探す。

明日を信じて頑張っていれば、必ず乗り越えられる時が来る。気がつくと乗り越えられている。

そして「へー、やはり乗り越えられるのだ」と驚く時が来る。

そのためには信じることである。信じて動くことである。

つらい人生を生きるのは自分の使命だと割り切る

イラショナル・エモーションについては、私たちはあらためて「自分を創る」「自分を変える」という考えに立って、それに対処する必要がある。

例えば子どもの頃からつらいことばかりで、本来の自分を失ってしまった。人間としての自然を失ってしまった人がいる。

嬉しいとか楽しいとかいう感情がない人である。

人間は悲しいという感情を味わうこともあるが、嬉しいという感情を味わうこともある。

イラショナル・エモーションの持ち主に必要なのは、「本来の自分」「人間としての自然」を取り戻す作業である。

雛鳥は大人の鳥の鳴き声を聞かなければ、鳴くということを学習できない。

同じようにうつ病者も、楽しいという経験をしなければ、楽しいということを学習できない。

楽しいという言葉は知っていても、楽しいということを体験として理解できなければ意味がない。

食事は、普通の子どもには楽しいことである。

しかし、いつもイライラした母親と、すぐに怒り出して子どもを責め立てる父親と一緒の食事はつらいことである。

楽しい会話の一切ない食事、暗い雰囲気の食事、親に感謝しなければならない食事――そうした恩着せがましい食事しか知らなければ、大人になって「食事をしようか」と誘われても嬉しいとは思わない。

味覚も発達しない。何を食べてもおいしくない。それで食事が楽しいはずがない。

うつ病者は、人が楽しそうにしていると気持ちが暗くなるという。[註26]

自分には楽しいことがない。人は楽しそうにしている。

そうなれば、「なぜ私の人生だけ、いつもこうして苦しいことばかりなのだ」と思って不思議ではない。

そういう人は、他人から意地悪をされても、自分から意地悪をするような人ではない。あの人には全く悪気がないと言われるような人である。

本当は、人生の不公平に怒りを感じるのは当たり前である。自分は皆の犠牲になっていると感じるのが当然である。

それなのに、その怒りを発散できない。

そんなうつ病者が、「人が楽しそうにしていると気持ちが暗くなる」と言うのは当たり前であろう。

しかし、そのように成長してしまったのだから、今更進んで「人生は不公平だ」と怒れと言っても無理な話であろう。

だから、苦しいことばかり起こる人生を、「私は彼らと違って重い使命を担って生きているのだ」と解釈すればいい。

そしてその使命を果たし終えた時には、彼らよりも大きな喜びが待っている。「いつかきっと報われる日が来る」――そう思えばいいのである。

自分は重荷を背負っても今元気にしている。

この自分の生命力を信じよう。

これだけのことがあっても生きているエネルギーを信じよう。
このエネルギーの使い方を考えよう。

身に付いた恐怖感をどう克服するか

心理学者マーティン・セリグマンの実験によると、あることで身に付いた恐怖感は転移するという。

身に付いた恐怖感が他の状況でも働くように、その人の人生に大きな影響を及ぼすのである。

子どもの頃に父親との関係で身に付いた恐怖感は、大人になってもあなたの人生を支配する。他の人と向き合った時にその恐怖感は作用してくる。

神経症的傾向の強い親がすぐに怒るので、怖くて何も言えなかった少年は、大人になって自分を愛してくれる人に向かっても、怖くて言いたいことを言えない。

ぜひ言うべきことであっても言えない。

相手が怒るのが怖いのである。怖がる必要はないのに怖い。

怖くないものを怖がって不幸な一生を終わる人の、なんと多いことか。

何かを恐れている時に、「これはそれほど恐れるものではない」と何度でも自分に言い聞かせることである。

「私は怖くないものを怖がっている」と何度でも自分に言い聞かせる。

ある人に会うことを恐れている、会議に出席することを恐れている、失敗することを恐れている、「あの人からこう言われるのではないか」と恐れている。

朝起きると、そのことを心配している、食事をしながら、そのことが気になっている。そしてその日が来るのを恐れている。

仕事をしていても、そのことが心配で仕事が手に付かない。食事をしていても食べ物が喉を通らない。人と話していても、そのことが気になって上の空である。

心理学者ジョン・B・ワトソンによれば、ウサギと遊んでいる子どもに突然大きな音を聞かせると、それ以後子どもはウサギを怖がるようになったという。

つまり、人間の怖がるものは危険なものではないのである。

アメリカに住んでいた時にガータースネークという蛇をよく見かけた。大きな蛇で、やはり見た目が恐ろしい。あまり大きい蛇にお目にかからない日本人は、それを見るとすくんでしまう。運悪く出合ってしまった人は、恐ろしくてもう家の外に出ないと言う。

しかしながらガータースネークは、もし噛《か》まれても、傷口が少し腫れる程度の毒性しか持っていない、人間にとってはほとんど無害な蛇なのである。

あなたが今恐れていることは、ウサギやガータースネークと同じようなことではないだろうか。

だから何かを恐れている時に、「今、自分は怖くないものを怖がっている」と言い聞かせることである。

一〇回、二〇回言ったから、それでいいというものではない。一〇〇回でも一〇〇〇回でも、そう信じられるまで言い続けるのである。

自分が怖がっているものの正体を暴く

「食わず嫌い」という表現がある。

食べてみなければおいしいかまずいかはわからないのに、見たり、匂いを嗅いだり、話に聞いたりしただけで「おいしくない」と決め付けてしまった状態である。

うつ病者のものの考え方の特徴がこれである。「物事が悪いほうに推移する可能性」を、「そうなるように決まっていること」と考える。やってみなければわからないとは言うけれど、「どうせできないに決まっている」となってしまう。

いつも、これから先に起きることを怖がっている。

「明日はあの人に会わなければならない、そして謝らなければならない、これを渡さなければならない」等々のことがある。

うつ病者はそう思うと逃げたくなる。嫌な気持ちになる。不愉快になる。不安になる。そして最後は死にたくなる。

「なぜ生きることはこんなにつらいんだ」と恨む。誰を恨んでよいかわからないが恨む。ほとほと疲れ果てる。身も心もボロボロになる。

でも実は、怖くないものを怖がって消耗しているだけではないだろうか。

「これは怖くはない」と自分に言い聞かせると同時に、「これはそんなに嫌なことではない」と自分に言い聞かせる。

一つ嫌なことを体験すると、嫌でないことも嫌と感じてしまうように、自分の心が出来上がってしまったのかもしれない。

今後の人生に起こりそうなことを怖いと感じる心になってしまっている。

だから、自分はそういう心の状態だと意識することが、その克服の始まりになる。

そして、何が怖いかを見てみようと考える。自分の目を見えなくしているものの正体を受け入れようと決意する。

何かが怖いという感情を受け入れて行動する。

もしかしたら、そういう戦いをしたことがないから、そのこと自体が怖いということだったりするのかもしれない。

自分にこわいものがあると決めてはいけません。[註27]

心理学者シーベリーはこのように書いて、その後に次のような例を挙げている。

マサチューセッツの海岸に、長い間借り手のつかないコテージがあった。

明かりを持った幽霊が出ると思われていた。

一人の女性がそこを借りることになった。

真夜中になると、ぎらぎらする光と白い人影が暗闇のなかを近づいてくる。

そこで彼女は白い人影に向かって歩き続けた。

そして突然彼女の手は、長い姿見にぶつかった。

白い人影は、ナイトガウンを着た彼女自身の、鏡に映った姿だった。

そして光は、灯台の光が部屋の中に差し込んでいただけだった。[註28]

何が怖いかを見ようということが大事なのである。

道が暗ければ懐中電灯を持っていけばいい。

怖ければあえて動かなくてもいいが、そこから目は離さない。

乗り越えようとするエネルギーがないから、困難な状況に過剰反応する。

実は事態はそれほど困難ではない。

「あー、どうしよう」と頭を抱え込むような事態ではない。

困難な事態が問題なのではなく、過剰な反応をすることが問題なのである。

過剰反応をすることで、事態はさらに困難な状態に思えてくる。事態を困難な状態に感じさせたのは、その過剰反応なのである。

こうしてエネルギーのない、うつ病の人などは悪循環に陥っていく。

全体を見渡すことと、手順を考えること

何かを恐れたり、何かに怯えたりしている人は、物事の全体を見ていないことが多い。だから、ようやく行動を起こすにしても非能率的なことになる。目の前のものを一つどけてみたところで、それが問題のどこに位置するのかを見ていないから、せっかくの行動も無駄になってしまう。

自分がすべきことの全体をまず見る。

料理に手順があるように、問題解決にも手順があることを理解する。

カレーライスを作ろうとして最初にタマネギを切るのと同じく、第一の手順から手を付ける。

何もかも今、一遍に済ませて楽になりたいところだが、悩んでいる人やうつ病者にはそんなエネルギーはない。

けれども苦しいので、今、とにかく逃れたい困難な状況を解決しようと、まだその順番ではないのにそれに手を付けてしまう。

必要になるたびに野菜を買いに行っているような人は、料理がはかどらない。

早くやりたい、すぐにやりたい、一度にやりたいなど、すぐに結果が欲しいという欲のある人ほど心理的にパニックになりやすいのはそういうことである。

欲に負ける人は計画性がない。自分の器を考えていない。適切な選択ができない。そして焦りで自滅する。

山で道を間違えていても地図を見ない。少しずつ間違いを重ね、大きな間違いになる。引き返す勇気がない。最後には諦めて途方に暮れる。

悩みを顕微鏡で分析しないこと

何かを恐れたり、何かに怯えたりしている人は、悩みを俯瞰《ふかん》しようとするのではなく、かえって悩みを顕微鏡で見てしまう。

小さな問題をさらに詳しく見ることで、問題の複雑さに過剰反応をして、さらに高精度の顕微鏡で分析を繰り返す結果になる。

全体を見て、この辺が問題の肝だと思える部分に当たってみたら、それほどの困難ではないということもある。

夜も眠れないほどの困難な状況に感じさせてしまうのは、まず立ち向かうエネルギーのなさであり、それが事態を実際以上に脅威に感じさせてしまう。

エネルギーがないことが事態を重大にしてしまう。そしてさらに怯える。

そしてその怯えた反応は、困難をさらに大きな脅威に感じさせるという悪循環を起こす。

こちらの気持ちが怯えていると、現実には脅威でない事態が脅威に感じられる。

こちらの気持ちが怯えていると、現実には脅威でない人が脅威に感じられる。その人と会うのが怖くなる。

会う前から怯えてエネルギーを消耗し、何もしていないのに疲れてしまう。会う前から怯えた緊張に悩まされ、会っている時には相手から威嚇を感じる。

相手は別に威嚇をしているのではないが、こちらが心理的に怯えているから威嚇されていると感じてしまうのである。

期待外れの予測不能な結果が出て、エネルギーがなくなる。こうなるはずだと思っていたが違った。自分が信じられなくなる。

現実として目の前に現れた結果を、自分が抱え切れないとわかった時に、エネルギーがなくなる。

第4章

「心のごみ屋敷」を掃除する

感情的記憶という脳内のやっかい者

神経科学の先駆者であるジョゼフ・ルドゥー[註29]は、「感情的記憶」ということを言っている。それは、あの時に面白かったとか、不愉快だったとかいう感情についての記憶ではない。

その人の「感情自体」が持っている記憶である。

なぜだかわからないけれど、人でもモノでも好きになったり嫌いになったりすることがある。それは過去の「感情的記憶」が働いているのである。

「感情的記憶」には前頭葉が働かない。

前頭葉は「あの人は明るい性格だから好き」というように働く。しかし、この前頭葉の働きを抜きにして、感情的記憶は生理的反応を起こす。

昔読んだ精神分析の本に、ある人が緑を見ると怯えて心臓が高鳴り脈拍数が上がるという話があった。その原因を調べていくと、小学校の時に怖い先生が緑色のセーターを着ていたというのである。

これがまさにルドゥーの言う感情的記憶である。緑色と恐怖とが結びついて学習されているのである。

脳の中の刺激の流れには二通りある。

一つは、刺激が視床下部から前頭葉を通り扁桃体《へんとうたい》に伝わる流れ。この刺激が伝わる道をハイ・ロードという。

それに対して、刺激が視床下部から直接に扁桃体に行ってしまう流れがある。これをロー・ロードという。

このロー・ロードは、速くて汚いシステムだとルドゥーは言う。[註30]

林の中で蛇に出合ったと思った時に、私たちは身をすくませる。

しかし、蛇だと思ったが、よく見ると実はただの棒だったと気づく。それが前頭葉の役割である。

しかし、被責妄想の場合には、この最初の「感情的記憶回路」の反応があって、その後に前頭葉が働いても、「相手が私を責めている」と思うことを否定する根拠がない。

そこで、そのまま最初の「感情的記憶回路」の反応が続くのではないかと私は思っている。

いずれにしても、最初のビクッとする反応が「感情的記憶回路」の反応である。

ここには前頭葉は関わっていない。だから人間は、棒切れに身をすくませるような、理屈から考えておかしい反応はいくらでもする。

こういった恐怖を喚起するシステムは、脳に組み込まれた基本的かつ根本的な学習メカニズムであるに違いない。

だから、子どもの頃から叱責されて生きてきた人は、毎日毎日「この人は自分を責めているのではない」と自分に言い聞かせて生きていくことによって、ロー・ロードの流れをハイ・ロードに切り替える必要がある。

子どもの頃から責められて生きてくると、その人は他人を信じられなくなっている。

人が自分を愛してくれるなどということは、信じられなくなっている。

人が自分のことを思いやってくれているなどとは、信じられなくなっている。

敵意に囲まれて生きてくると、人の温かい思いやりを信じられなくなる。それは当たり前である。周囲の人が自分に批判的で自分を攻撃しているとしか感じられなくなっても、何の不思議もない。人は自分に悪意を持っているとしか思えなくなるのである。そのような回路ができているのだから。

その回路を消滅させて新しい回路を作ることは、大変な時間と労力を必要とする。

でもそれ以外に幸せになる道はない。

根気強く何度でも「私は批判されているのではない」と自分に言い聞かせるしかない。

間違った反応を起こす脳内回路の存在

「自分たちには何が欠けているのか」と話し合っているのに、それがそのまま自分が皆から批判されている、責められているとしか感じられなくなっている人がいる。

誰かが、「これをやっておけばよかった」と言い出す。するとその時にそれをしなかったのは自分が悪くて、皆はそのことで自分を責めているとしか感じられない。

こういう人は、繰り返し繰り返し「今、皆は自分を責めているのではない」と自分に言い聞かせるようにすることだ。

「消滅」と呼ばれる反応がある。

例えば、人が車に轢《ひ》かれる時の音だけを、実際の体験抜きで何度も繰り返し聞かされていると、その音自体を恐ろしいと感じなくなる。音と苦痛の結びつきがなくなるのである。これが「消滅」である。

感情的記憶に支配されている人は、この「消滅」のシステムをうまく使って、脳の中にできてしまっている回路を消していけばよい。

子どもの頃、周囲の人は口を開けばあなたを責めていた。それならそれと同じ時間よりももっと多くの時間をかけて、古い神経回路を消滅させるしかない。

「自分の今の反応は、恐怖の間違った反応である」と、どんなに言い聞かせても、「責められている」と感じてしまう。

「自分は責められていない」と思おうとすると、何となく居心地が悪い。

「責められていない」と思おうとすると、何となく気持ちが落ち着かない。

責められていることは不快である。悲しいし、傷つく、恨みを持つ。

しかし不思議なことに、そのほうが気持ちは落ち着くのである。おそらく長い間に恐怖の反応に慣れ過ぎてしまっているのだろう。

不合理な選択をして失敗する理由

セラピストのポール・ワッラウィックが、こんなことを書いている。

ベルを鳴らすたびに、床に設置した金属板から、馬の脚に電気ショックが伝わるようにしておく。

すると馬は、ベルの音と電気ショックを関係づける。電気ショックを避けるために、ベルが鳴ると蹄《ひづめ》を床から離すようになる。条件反射である。

電気ショックを起こす回路を切った後でも、ベルを鳴らせば馬は蹄を上げる。

馬は、蹄を上げる行為が正しい行為だとますます確信する。


事実上、この馬は、過去においては適切であったが、すでに無意味となった行為に固執する。[註31]

ある人は、子どもの頃から、人に責められて成長してきた。

その生活は恐怖であったから、大人になってさまざまな選択をする時に、「あの生活に陥ることを避ける」ということが基本になってくる。

「なぜあの人は、あちらを選んだのか」と不思議に思うことがある。

常識から考えるとあまりにも不合理だからである。

しかしその人の感情的記憶を理解すれば、それは決して不合理ではないのだ。

幼少期に心に刻まれた恐怖は簡単には消えない。その代表格が、情緒的未成熟な親との生活に対するＰＴＳＤ（心的外傷後ストレス障害）である。

これは、その人の脳の奥底に無意識的な感情的記憶となって巣くうことになる。脳の構造の一つに扁桃体があるが、ここがその貯留場となっている。他人に激しい叱責を受けた時など、ＰＴＳＤから恐怖が呼び起こされるのは、扁桃体の中に蓄えられた感情的記憶が、体中の筋肉を緊張させるからである。註32

扁桃体に蓄えられている記憶はもちろん人によって違う。これはすなわち、無意識の感情的記憶も人によって違うということである。だから人間社会の事象に対しても、自然現象に対しても、人の反応はそれぞれ違うものになってくる。

例えば巨万の富がある家に生まれた人と、借金返済に追われる家に生まれた人とでは、それぞれの無意識に蓄えられた感情的記憶は、違いすぎるほど違ってくる。

大借金を背負ってはいなくても、大金を持っていない私たち一般市民は、巨万の富を持っている人の人生を真似ようとは、そもそも考えもしない。

私たち一般市民は、大富豪と同じように自分の島を持ち、外国に行く時には専用機で行こうとは思わない。

貧富の差のような物差しがあること以上に、考え方という点で、自分の中に蓄えられているものは違う。だから、他人の人生を真似しようとしてもうまくいかないのである。もともと遺伝的に違って生まれてきた上に、自分が意識する以前に全く違った人間になっている。気がついた時には、外界に対する反応が違う動物になっているのである。

同じ種類の小鳥でも、脅えていない個体と脅えている個体がいる。それと同じで、自分と他人は違うということを、改めて心に刻んでおくことである。

友人が何でもなくできることでも、自分にはものすごく大変なこともある。逆に友人にはなかなかできないが、自分には簡単にできることもある。

ふと「イヤだ」と思ったら、それが正しい答えである

誰にでも、何となく好きになれない場所とか、人とか、車とか、レストランとか、理由はわからないが「イヤだ」と感じるモノやコトがある。それはあってよいのである。それが感情的記憶の及ぼす影響である。扁桃体の中に蓄えられた無意識の記憶である。

人間は、意識的にする行動以外は、何となく動いているように見える。しかし、その何となくに見える動きも、子どもの頃からの感情的記憶に支配されながら生きている。それが、なぜだかわからないけれどもある場所を避けるとか、ある人を嫌うとか、何かを選ぶ

とか、そういう場合の自覚のない動機につながっている。

だから、人から何かを要求された時、イヤだなと思ったら、きちんと「イヤだ」と言おう。自分の意識の中に、明確な「イヤだ」という論理がない時に、お人好しの人はついつい「イヤだ」と言えないで押し切られてしまう。しかし、感情的記憶が、「イヤだ」と言っていることを理解して、明確な態度をとるようにするとよい。

そのような時、脳内ではストレスホルモン[註33]が放出されている。そして扁桃体を刺激し、感情的記憶が働くのである[註34]。

だから子どもの頃の意識された記憶はなくても、虐待を受けたことなどは無意識の領域で覚えている。ムチのように自分の身を痛めつけたベルトを怖がる。それは、記憶にあることを意識する脳の海馬という器官より、扁桃体のほうが素早く反応するからである。

いじめの被害者はなぜ反撃できないか

子どもの頃、言うことを聞かなかったという理由で虐待されたことが感情的記憶になると、成長してから誰にでも服従するようになる。

「ハイ」と誰にでも返事をしてしまう。

これは虐待の恐怖に条件付けられた行動である。どのような虐待をされたかの具体的な記憶はなくても、扁桃体に感情的記憶がある。

ある高校の新任の教師である。生徒に名前を呼ばれても元気よく「ハイ」と返事をしてしまう。仲間に名前を呼ばれても元気よく「ハイ」と返事をしてしまう。

おそらく親に厳しくしつけられて育ったに違いない。扁桃体に恐怖の感情的記憶があるから、誰に呼ばれても元気よく「ハイ」と返事をしてしまうようになったのである。[註35]

動物の多くが、このような本能的に危険や不快を回避するためのメカニズムを持っているという。[註36]

いじめられる人が「言い返せない」のは、言われた時に本能的にすくんでしまうからであろう。いじめられた時の恐怖に伴う感情的記憶がない人は、「怒ればいいじゃないか」とか「言い返せばいいのよ」と思うかもしれない。しかしそれは虐待の感情的記憶のある人には「できない」ことなのである。

足を蹴飛ばされた時に体がすくんでしまう。「蹴飛ばし返せばいい」というのは、幼児期からの感情的記憶を無視した言い方である。蹴飛ばされた時に、いじめられてきた人は、自分の心に網がかかってしまうのだろう。それが幼児期の感情的記憶である。

また、小さな問題に心を奪われてしまうのは、やはりその人の扁桃体が危険信号を発することに始まる。周囲の人が「そんなことは気にしなくていい」と思うようなことでも、本人はそれが片付かないとどうにも不安で仕方がないようになる。

この扁桃体が主導する恐怖のシステムは、前頭葉の働きでそれを抑制できるようにする必要があるだろう。

つまりは、自分の脳内にそういうシステムがあり、それが働いて自分は今、感じなくてもいい恐怖を感じていることを、自らに言い聞かせて抑えられるようにしていくのである。近道はなく、繰り返し繰り返し努力することしかない。

アメリカのロックフェラー大学教授ブルース・マックイーンは、ネズミなどを使ってストレスと海馬の関係を研究している。彼の研究によって、強いストレスを与え続けた動物の海馬は、普通に過ごした動物の海馬に比べて容積が小さいことが見出された。ストレスによって分泌されるホルモンは海馬にも作用し、機能や状態を変化させることが徐々にわかってきている。

ＰＴＳＤの人の海馬も、一般の人に比べると小さい。海馬では神経細胞が新生されていることがわかってきたが、強いストレスはこの神経細胞が新生するのを妨げている疑いが

あるといわれている。[註37]

心の中に溜め込んだゴミを捨てる

子どもの頃に体験したストレスやショックは、多くの場合、大人になっても尾を引いて、その人の人生に深く影響を及ぼしている。

親に嫌われている子どもがいる。

「貸して」と言って断られる。

「なぜ？」と聞けない。

断られることと嫌われることの分離ができていないから、何かを断られるたびに、自分は嫌われていると考えてしまう。

友達の家にいて、三時まではいてもよいと言われる。

「四時までは無理なの？」

「無理だよ」

「何か用事があるの？」

「家庭教師が来るから」

「あー、そう」

こういう会話ができない。

「無理だよ」と言われると、「なぜ？」と聞けない。

神経症的傾向の強い親に育てられた人にとって、解決しなければならない最大の問題は、心の中にしっかりと植え付けられた恐怖心を克服することである。

イラショナル・エモーションの処理である。

これはそう簡単にはいかないが、どうにかしてゴミ捨て場に行って捨ててくるしかない。

ゴミは指定された回収日に、ゴミ袋に入れて家の外に出している。それを捨てないで家の中に置いているのが、うつ病者である。

その生ゴミの匂《にお》いで家中が臭くなっている。

その臭い匂いのするゴミがうずたかく積もった家の中で食事をしても、「臭い臭い」という汚らしさで、楽しい食事にはならない。

平凡な言葉にも震え出す人がいる

ＰＴＳＤに苦しむ人がいる。

自分でも、なぜ自分がこの言葉にこんなに落ち込むのかがわからない。ある人が言った言葉でうちひしがれる。自分でも自分が理解できない。

それはその相手の言った言葉が検索情報となって、自分の脳の中に蓄積されている感情的記憶を引き出してくるからである。

感情的記憶は無意識である。意識されていないが、脳の中にはある。その自分に意識されていない蓄積された感情が、相手の言葉で引き出されてくる。

ある悲痛な体験をする。その体験が無意識に蓄積されている。その悲痛な体験を呼び出してしまうのである。

ある人から、ものすごい屈辱を受けた。生涯忘れることのできないような屈辱的体験をした。自殺したかった。死ねるものなら死にたかった。それほど悲痛な体験である。

その時の苦しみが、ある人の姿とか、ある人の言葉で呼び出されてしまう。

だから、その悲痛な体験とは無関係な人には「なぜその人がそれほどその言葉で苦しむのか」が理解できない。

関係ない人には、その言葉は平凡な言葉である。しかしＰＴＳＤに苦しんでいる人は、そのかつての悲痛な体験を、今のその言葉で再体験しているのである。

ある言葉で、ＰＴＳＤの人は震えが止まらなくなる。

しかし第三者から見ると、なぜ何でもない言葉でその人が震え出したのかが理解できない。

第5章

不幸な自分を生きる

人生のスタートは運命である

不幸を受け入れられない人は、生き方の基本が間違っている。

それなのに、それを直さないで、悩みを解決しようとする。

心理学者シーベリーは「不幸を受け入れる」ことを常にアドバイスするのだが、これは『夜と霧』の著者として有名なフランクルが説くところの「苦悩能力の確立」に通じている。

人生のスタートは運命である。

自分の親が神経症者である場合は、母なるものを持った母親のもとで育った人と同じことを自分に期待することはできない。

例えば、母なるものを持った母親のもとで育った人と同じような心理的安定を、自分に求めても無理である。同じような楽しい日常生活を求めても無理である。人間関係での同じような居心地のよさを求めても無理である。

自分の親が神経症者である時に、自分に心理的に健康な人であることを期待しても無理である。人は無意識に問題を抱えたままでは、どんなに努力しても幸せにはなれない。

自分の原点を見つめ、成長の過程を反芻《はんすう》し、そこで自分に期待できることを期待する。そのような自分を受け入れる強い性格の人になる必要がある。

人生のスタートは運命である。

不眠症になったら、不眠を受け入れる。つらいけれども、「自分は不眠症にかかってしまったのだから眠れなくても仕方がない」というように受け入れる。

眠れないことをつらいことにしてしまうのは、自分である。

「眠れなくても仕方ない」と割り切ることで、人によっては熟睡できる。

人と同じように熟睡しようとするのは、あの人と同じ身長になりたいというのと同じことと、ないものねだりである。

残念だけれども、自分はそちら側ではない。そのことをいつまでも悔いていても何も始まらない。何も解決しない。眠れるようにはならない。

「この運命を生きる」という覚悟を持って、気持ちを落ち着かせる。

自分は親から愛されなかったという不幸を受け入れた時に、自分の心の成長がスタートする。

それを受け入れないで、恨みつらみに固執した時に心の成長は止まる。逆に心は退行を始める。

心が退行を始めるということは、事態がどんどん悪化するということである。

仮に社会的にはどんどん成功して地位や収入が上昇したとしても、心理的にどんどん退行する、生きるのが苦しくなるということである。

現実から逃げるか、現実と向き合うか

不幸を受け入れられない人は、現実から逃げている人である。

不幸を受け入れられる人は、現実と向き合っている人である。

「すべての悩みがなくなるような力を求めてはいけません」と古代ギリシャの哲学者エピクロスは言っている。

悩んでいる人は、その悩みを完全に、かつ直ちに、そしていとも簡単に解決できる方法を求めている。

だから、現実にある解決方法を拒否してしまう。

ないものばかりを求めていて、目の前にあるものを無視する。

だから、いつまでたっても悩みは解決しないのである。

悩んでいる人を見ていると、いつまでも見えない道を求めている。

自分は親から愛されなかった。

自分は神経症の親から嫌われた。

自分は親から「死んでくれればいいのに」と願われた。

そういう過酷な不幸を受け入れた時に、心の成長がスタートする。

それは幸せへの鍵を手に入れた時である。

この人間として最も困難な矛盾を乗り越える。それ以外に神経症を治癒する方法はない。

この矛盾を抱えている限り、心の土台がない。

しっかりと心の土台を築かなければ、社会的にどんなに頑張っても、いわゆる「弱い人」になってしまう。

どんなに社会的に成功しても、それだけでは「心の砦《とりで》」ができない。

共同体感情を持っていないから、人生の諸問題を解決することはできない。

自分の母親は冷酷な女性だったという不幸な現実を受け入れた時に、そのつらさに血の涙を流しながら、人を理解することができるようになる。そこで共同体感情が芽生えてくる。

不幸を受け入れることと、共同体感情を持てることは、不可分である。

それを受け入れないで、恨みつらみに固執した時に心の成長は止まる。逆に心は退行を始める。

退行を始めるということは、事態がどんどん悪化するということである。心理的にどんどん退化するということである。どんどん人との関係が悪化するということである。どんどん孤独になるということである。医師に診てもらっても治らない病気が、さらにひどくなるということである。

不幸な現実を受け入れると楽になる

「不幸を受け入れる」ということはすなわち、理想の人生を断念し、現実の自分を受け入れるということである。これができるのが、強い性格の人である。

自分の原点を見つめて、そこから出発する。その時に初めてありのままの自分を受け入れることができる。

世の中には、母なるものを持った母親に育てられた人がいる。残念だけれども、自分はそちら側ではない。そのことをいつまでも悔いていても何も始まらない。何も解決しない。眠れるようにはならない。心身のつらさは消えない。

「この運命を生きる」という覚悟を持って、気持ちを落ち着かせる。

性格の強い人は、不幸を受け入れている。

次に自分の弱点を受け入れている。

不幸を受け入れると、することが見えてくると心理学者シーベリーは言う。

苦しむ中で生きる道が見えてくる。問題解決の能力が生まれたのである。

例えば、「私は両親不和の家に生まれた」という自分の生い立ちを受け入れる。「私は生まれてからずっと『心の帰る家』がなかった」という自分の生い立ちを受け入れる。

そうすることで、自分は何を持っていないからつらいのか、自分が心の底で求めているものは何かが、これからの人生で目指すべきものは何かが見えてくる。

「不幸を受け入れる」ことは、自分を受け入れるということでもある。

自分の親が神経症者であるという現実の下では、母なるものを持った母親のもとで育った人と同じ心の状態を、自分に期待することはできない。

自分の親が神経症者である時に、自分に心理的に健康な人であることを期待しても無理である。無意識に問題を抱えたままでは、どんなに努力しても幸せにはなれない。

自分の原点を見つめ、成長の過程を反芻し、そこで自分に期待できることを期待する。それが自分を受け入れるということである。問題解決能力のある人になったということである。

「自分だけが不幸」という思いに苦しむ人

「不幸はしつこい」というが、不幸は誰にでもしつこくつきまとうのではない。欲張りな人に対してしつこいのである。

つまり、非現実的なほど高い期待を持っている人にはしつこいのである。

要するに「不幸を受け入れる」ことが、楽観的なものの考え方の基本である。

勉強が嫌いで苦手ならば、技術を磨いたり、商売をしたり、スポーツで稼げるようにしたりといった別の道も数多くある。勉強がだめだから自分はだめ人間だということではない。

自分の弱点を受け入れるから、自分の長所がわかる。

不幸を受け入れることで、することが見える。

それが不幸を受け入れるということである。不幸に負けない。自分には体が帰る家はあった。しかし心の帰る家がなかった。

こういった不幸を受け入れることで、生きるエネルギーが生まれてくる。

両親不和の家に生まれたならば、その運命を受け入れることである。

恵まれた環境に生まれる人もいる。あの人たちには心の帰る家があった。自分には一日として心の帰る家はなかった。生まれた時から、もともと違った人間なのである。

「皆が同じ人間だ」と子どもの頃から刷り込まれるから、生涯不公平感に苦しみ、不幸から離れられない人が多数いる。

不運なのは自分一人ではない。

他の人だってそれぞれ不運なのである。

両親不和の家に生まれたのは、自分一人ではない。

生きることはまず「不幸を受け入れる」ことから始めなければならない。

何をするにも必ずイヤなことはある。

そのイヤなことに注意を取られていると、結局何も生産的な行動をしないということになる。

不幸を受け入れられない人は、恵まれた人を見て「なぜ私の人生だけが、こんなに苦しいのだ」という不公平感を持っている。

生きるのが不満だらけになる。文句を言うことが主眼になる。

不満を言うのは、問題の解決が目的ではない。

「つらい、つらい」と騒いでいても、心がふれあう仲間はできない。生きるために必要な共同体感情は生まれてこない。

そして周囲の世界が、潜在的にどんどん敵意に満ちたものになる。

現実に生きる強い性格の人は、病気になったら薬を飲む。

副作用のない薬を求めれば、病気のままでいるしかない。「どちらか」である。

副作用のない薬を求める完全主義者は、飲む薬がない。

性格の弱い人とは完全主義者である。

弱い性格の人は、現実の中で生きていない。

完全主義者には無意識に自殺願望がある。過去のつらい環境を乗り越えられていない。

自分だけが幸運ということはない。これは皆がわかるだろう。それと同じく、自分だけが不幸ということもないのである。

すぐに幸福になりたいと思うから間違える

「記憶に凍結された恐怖感」という言葉がある。[註38]

子どもの頃から脳の中の扁桃体に、いろいろな苦しい体験が詰め込まれている。それが大人になってから、何かをきっかけに再体験される。

他の人にとっては何でもない言葉やしぐさや出来事でも、この「記憶に凍結された恐怖感」が呼び起こされると、激しく怒り出したり、感情が不安定になったりする。

子どもの頃のことばかりではない。その後の人生でもつらいことはある。そのつらいことが、あなたの神経回路に焼き付いている。

だから、私たちは残念ながら、急に幸福になることもないし、急に強くなれることもない。ゆっくりと幸福に、ゆっくりと強くなっていくしかない。

つらい幼児期があって、つらい少年期があって、大人になってからの扁桃体は過剰に敏感になっている。だから昼に何か些細なことがあると、それが扁桃体を過度に刺激して、夜になっても眠れないのである。

昼の何か些細なことが、幼児期のつらい記憶を呼び起こしてしまう。何か些細なことが引き金となって、何でもない事件を、自分の中でものすごい事件にしてしまう。

そして緊張し、食欲を失い、眠れない夜を過ごす。翌日は「ぼーっと」している。気力もなく何もできないまま憔悴《しょうすい》のうちに時が過ぎていく。

あらゆる意味で、今の自分は過去の集積なのである。

だから、どんなに頑張っても自分を一気にどうにかするには限界がある。一気に変わることはできない。一気に強い人間になることはできない。一日一日の積み重ね以外には変わる方法はない。

人生は顔にも刻まれるが、心にも刻まれる。つまり扁桃体に刻まれているのである。

鉄筋コンクリートで造ってきたビルを、最後の日にいきなり木造の家屋にはできない。

ナチスの強制収容所の恐怖は、八十年たっても消えない。

子どもの頃からストレスの激しい人間環境の中で生きてきた人、そして生きることに疲れてうつ気味の人は、「自分は今、強制収容所から帰ってきたのだ」と思うことである。

長い間、破壊的メッセージを与え続けられたのである。

少し休もう。もう十分苦しんだ。

そうして休めばよいものを、そのストレスに弱い人間のままで社会的な成功を求めたりする。そうなれば精神的に破綻するしかない。

泳ぐ能力を奪われているのに、水泳の選手になろうとするようなものである。

過去は過去として認める。現実を知り、それを乗り越えることに努める。もう二度と返らない過去に執着しないことである。

朝から緊張して夕方には疲れ切る人生

「記憶に凍結された恐怖感」を認めるということを考えてみたい。

日常的に起きることは実は何でもないことである。失敗してもそれほど大きなことではない。誰もその人に敵意を持っているわけではない。

人に会うのも、人に挨拶するのも、そこで話をするのも、仕事をするのも、実はそれほど精神的なエネルギーを必要とすることではない。

しかし、「記憶に凍結された恐怖感」が貯蔵庫に溜まっていると、その何でもないことが緊張を呼ぶ。朝から張りつめた気持ちでいることになる。

そして夕方になれば、消耗している。仕事で消耗したのではなく、貯蔵庫が反応して消耗しただけである。

だから朝には、「今日は何も緊張することはない」と自分に言い聞かせる。「今日は何も恐れることはない」と自分に言ってみる。

事実、恐れることなど何もないのである。恐れるように、勝手に自分が今の状況を解釈しているだけである。

自分が怒りそうになった時には、「あー、今、私の神経の警報ベル設定値が異常に低いので、警報が鳴ろうとしているけれども、実際にはそれほど大騒ぎをすることではないのだよ」と理性で自分に言い聞かせる。

「記憶に凍結された恐怖感」によって、ちょっとしたことをものすごいことに感じてしまう。人のすることに過剰に反応する。相手がちょっと自分の意向に添わないと激怒してしまう。

お茶の出し方が悪いと言って妻を殴る夫のようなものである。

触れるたびに誤作動する警報器のようなものである。

過去の感情的蓄積の呪縛から解放されることが、本当の意味での自立である。

うつ病者はあまりにも過去の呪縛に囚われ続けている。そして過去の呪縛に囚われ続けていることに気がついていない。

自分の心に手錠をかけたのは誰か。

それがわからない限り、心の刑務所からは出られない。

自分は心の安らかな受験生と同じ受験生である。またはビジネスパーソンである。しかし、心は同じ人間ではない。片方は生まれてから心の帰る家があった。自分は生まれてから心の帰る家はなかった。それを無視して、人生に同じ安心感を期待しても無理である。

だから、自分には安らかな人生がないという断念が必要である。

その断念が、心の帰る家がなかった人にとって最高に価値ある決断である。最も尊い行動である。そこからまた歩き出せる。

人生に苦しむ人にとって最も価値ある決意

十三世紀の後半、ヴェネチアの商人マルコ・ポーロは、東へ東へと旅し、ヨーロッパに中央アジアや中国を紹介した。

そのマルコ・ポーロが死んでから一世紀半ほど後、ジェノヴァの探検家クリストファー・コロンブスは、マルコ・ポーロが書いた旅行記『東方見聞録』のラテン語訳を読んでいた。

そしてある日、コロンブスは頭を上げて、こぶしで机をたたいて言った。

「私は西に航海しよう」

その時、コロンブスが人生に求めたものは何であったろうか。コロンブスがあのジェノヴァの海のかなたに思い描いたものは何であったろうか。

彼は言ったという。

「きっと西の大海で失われたアンテイルハ島を見つけるだろう。だが、ことによるとその海のはるか先で、黄金の国ジパングに着けるかもしれない」

海のはるかかなたのジパングに夢を馳《は》せた時、それはジパングそのものよりも、そこに託された人生の何かをコロンブスは見ていたに違いない。

コロンブスは、あのジェノヴァの石だたみの上に立って、「私は西へ、西へ、西へ行こう」と言ったのだ。

その決意に勝るとも劣らない、人生に価値ある決意がある。

それがオーストリアの精神科医フランクルの言う「苦悩能力の確立」である。

生まれて以来心の帰る家のなかった人が、自分の安心感のある人生を断念することである。その断念を通して苦悩能力の確立がなされる。

今、うつ病で苦しんでいる人、慢性疲労で悲鳴を上げている人は、生まれて以来この世界に心の居場所がなかった。生まれて以来心の居場所がなかったということにさえ気がついていないかもしれない。

心の居場所があった人とは、「私は、同じ人間ではない」。その安らかな人生の断念を通して苦悩能力の確立がなされる。

私の母親は共同体感情がなかった。冷酷な母親だった。私が父親から虐待されることを冷たく見ていた。心の安らかな彼らの母親は、共同体感情がある優しい母親だった。常に子どもを保護しようとしていた。

だから、同じ人間であるはずがない。同じ生き物であるはずがない。

コロンブスが、あのジェノヴァの石だたみの上に立って、「私は西へ、西へ、西へ行こう」と言ったのと同じように、「私は苦悩能力の確立に向かおう」と心の中で叫ぶ。

それが不幸を受け入れることであり、絶望から希望への入り口である。人生で最も価値ある行為である。

他人と自分を比べる癖が不幸を呼び込む

日本人の死因の第一位はがんである。

熱心に本を読んだりして、「自分だけがんにかからないでいる」ことを求めている人がいるが、それは無理な相談である。

「かかってしまったら、それまでである」くらいの気持ちでいないと心が休まらない。

運悪くかかってしまっても、「ああ、かかってしまった」と、まずは不幸を受け入れることである。

「ああ、がんにかかった、がんにかかった」と苦しみ悶《もだ》えて、「なぜあいつはかからないのに、自分がかかるのだ」と考えれば、苦しみは一〇〇倍になる。

がんにかかる人はかかる。これを受け入れるか受け入れないかで、健康に対する悩みやがんにかかった時の苦しみはまるで違う。

どんなに健康に留意していても、がんにかかる人はかかる。運が悪いとはそういうことである。子育てが嫌いな親のもとに生まれる人と同じである。

そういう時に、「ああ、かかっちゃった」と、まずは「がんを受け入れる」。否定しても始まらないからである。それが不幸を受け入れるということである。

あまり健康に留意しなくても、がんにかからない人はかからない。運がよいとはそういうことである。だが、その人が運のよさにかまけて不摂生を続ければ、なお一層の悲劇的な結末が待っているかもしれない。

長い人生には幸運な時もあれば不運な時もある。不運の時にじたばたしないで、「今はそういう時」と覚悟を決めて幸運の時を待つ。それが不幸を受け入れるということである。それが強い性格の人である。たくましい人である。

不運な時に幸運な人と自分を比べると、不幸は一〇〇倍になる。

不幸を受け入れられない人は、自分の不幸を他人と比較する。

それでいよいよ生きるのがつらくなる。

苦しみから逃げたツケは必ず払わされる

苦しみを避けて幸せを望んでいる、都合のいい考え方をする人がいる。

精神科医のカレン・ホルナイは、このような態度について「神経症的要求」という言葉を使っている。

太陽が西から昇ることを望むようなものである。

生老《しょうろう》病《びょう》死《し》は誰でも受け入れなければならない現実である。

日本人の半分の人はがんにかかるという現実もある。

それを受け入れようとせずに、「いつも健康でいたい」と望むのは神経症的要求である。

神経症的要求の空しさを理解できれば、今日一日の健康に感謝の気持ちが湧く。

詩人ハリール・ジブラーンは、苦しみは人を柔軟にすると言っている。

どんなことにも安易な解決を求める人がいる。

こういう「ふさわしい努力をしない」ことも、神経症的要求の表われである。

安易な解決を積み重ねた人生には、最後に大きなツケが待っている。

日本でもベストセラーになった『こころと治癒力』という本の中で、インタビューされた医師が言っている。


　ガンを持っているという事実を受けいれることは、自分自身を癒す最初の第一歩になるのです。[註39]

生きるためなら何でもするという実行力は、現状を受け入れる患者の勇気から生まれると私は思います。[註40]

合理化、現実否認、依存症……それらには後ですべて「ツケ」が来る。それまでの人生で背負った借りの請求書が来る。

こういう人の終活は、それを払わされて大変なことになる。

今のうちに過去を振り返り、自分は不安の消極的解決をしてきたことを意識化する。

不安の消極的解決とは、その場その場は解決したように見えるが、心理的に未解決な問題を残していることである。

それが解決していないと高齢になって憂鬱に襲われる。

不可避的な課題から逃げたツケである。

不幸を受け入れた時に生まれるもの

神経症的要求をする人は、自分の人生に建設的関心を失った人である。

例えば人を責めている。

自分の不幸な過去にこだわる。

無気力で前に進めない。

解決を目指していない。

文句を言うことが、人生の主眼である。

まず恨みを晴らす。

神経症的要求をする人は、もちろん不幸を受け入れられない。

だから、人に恨みを持つだけの無意識の必要性がある。隠された怒りがある。

自分の人生はどうなってもよい。恨みを晴らせればよい。

そうなると何よりも大切な共同体感情と無縁になる。

現実を受け入れれば、自分にふさわしい目的が自然とわかってくるのに、不幸な人は死ぬまで現実を受け入れていない。

他人に優越する緊急の必要性がある限り、自分を受け入れることはできない。不幸を受け入れることはできない。

他人に優越する緊急の必要性がある限り、共同体感情は生まれてこない。

「不幸を受け入れる」ということは、自分を受け入れるということでもある。

そして、他人を理解することができるようになるということである。

これが強い性格の人である。共同体感情を持った人である。たくましい人である。

ある大学生は、障害者支援室に行くことを心が拒否していた。

しかし白杖《はくじょう》を持って障害者支援室に行ったことで、世界が広がった、友達ができた。自分がどう生きるか見えてきたと言った。

私は、「何が君を障害者支援室に行かせたのか」と聞いてみた。

すると、「このままではだめだという、手詰まり感というか、ここを何とかしなければ、退学するしかないというような感じですかね」と答えてくれた。

「不幸を受け入れる」と新しい視点ができる。

「自分がすることが見えてくる」ということが、新しい視点である。

自分の原点を見つめて、そこから出発する。その時に初めて、ありのままの自分を受け入れることができる。

「不幸を受け入れる」ことは、「適切な目的を持つ」ことにつながる。

人生に適切な目的を持てていない気がしている人は、自分の過去を反省することが何より重要である。

「誰にも助けてもらえない」と思う人の弱さ

不幸にも自分の親が神経症者であった場合は、母なるものを持った母親のもとで育った人と同じことを自分に期待することはできない。

何度でも言うが、他人と自分は同じ人間ではない。

性格の弱い人である神経症者は「不幸を受け入れる」ことができないと同時に、自分の弱さも受け入れられない[註41]。

神経症者は弱さを嫌う。それは自分がいかに弱いかを心の底で知っているからである。そしてその弱い自分を受け入れられないからである。

他人もまた弱い自分を受け入れてくれないと思っている。

実際はそんなことはないのだが、成長期の人間不信が心の底にしっかりと根を張っている。

従って、弱いことが恐怖感につながる。

困った時に誰も本当には自分を助けてくれないと感じているのである。

だから、弱さを嫌う。

成長期の困った時に養育者から助けてもらって安心感を持って成長した人と、誰も助けてくれないで成長した人の違いは大きい。

同じ人間ではない。

弱さと不幸を受け入れさえすれば、人は幸せになれる。

だが、成長期に自分の弱さを保護してくれる人がいなかった人には、なかなかこれができない。

自分を保護するものは力しかないと考える。そこで力を求めて奮闘努力する。

もしその奮闘努力で社会的に成功しても、自我の弱さそのものには変わりはない。しかも社会的成功の中で、実際にはその人の「内なる力」の芽が摘み取られていくことに気がつかない。

ないものねだりをする人は性格が弱い

「すべての悩みがなくなるような力を求めてはいけません」と古代ギリシャの哲学者エピクロスは言っている。この言葉は、心理学者シーベリーの「不幸を受け入れる」ということと同じ内容を表現している。

悩んでいる人は、その悩みを完全に、かつ直ちに、そしていとも簡単に解決できる方法を求める。

そういう無理なことを求めるあまり、現実にある解決方法を拒否してしまう。

ないものばかりを求めていて、目の前にあるものを無視する。だから、いつまでたっても悩みは解決しない。悩んでいる人を見ていると、求めても無駄なことにいつまでもかかずらっている。

本当に強い人は、自分の弱さを受け入れている人である。

本当のスーパーマンとは自分の弱さを受け入れている人である。そして自分の弱点が表われても落ち着いていられる人である。苦悩能力のある人である。

また、弱さを受け入れてくれる人を周囲に持っている人である。

不幸を受け入れる人が、レジリエンスのある人である。

逆境に強い人は、レジリエンスのある人である。

人間の場合、弱さを認めることが強いということである。弱いところのない人間など人間ではない。それはオバケである。

心理学者シーベリーは、「自分の弱さを受け入れれば、失敗は少なくなるはずです。完全であろうとあがくとかえって失敗します」と述べている。「完全であるべきだという基準は、ずっと災いのもとです」とも述べている。完全であろうとすることによって人間の能力が破壊されるというのである。

自分の弱点を受け入れている人は、性格的には強い。

自分の弱点を受け入れていない人は、性格的には弱い。

性格が強いとは、意識と無意識の乖離がないことである。

成長欲求と退行欲求の葛藤がある時に、成長欲求を選択できる人である。成長の症候群に従って生きるということである。

こういう人は、人とスムーズにコミュニケーションできる。嫉妬、妬みがない。心がふれあう親しい人がいる。

つまり、不幸や弱点を受け入れる人は、共同体感情がしっかりとしている。

勝気が、性格の弱い人の特徴である。

繰り返し言うが、不幸を受け入れると、すべきことが見えてくる。

しかし、「私は悪くない」と言い張ってしまうと、すべきことが見えてこない。

不幸や不運は受け入れて乗り越える

長い人生には幸運な時もあれば不運な時もある。

不運の時には、じたばたしないで、「今はそういう時」と覚悟を決めて、幸運の時を待つことにする。それが不幸を受け入れるということである。

不運の時に幸運な人と自分を比べると、不幸は一〇〇倍になる。

自分の運命を受け入れる人は、地獄で成長したことで、それが試練となり、人よりも強くたくましい人間になる。

現実となってしまったその不幸を受け入れる。

すると、「自分は今、生きていることだけでありがたい」と感じる。

そしていつもいいことが起きる人になる。

不幸を受け入れることができれば、間違いなく人は幸せになれる。

物事が自分の望むようにいかない時に不幸を受け入れている人は、「物事はそんなにうまくはいかない、相手がいるのだから」と思っている。

不幸を受け入れられない人は、必要以上に苦しむ。

不幸は、受け入れないと恐竜になる。

不幸を受け入れる人は、人生の意味を体験する。それはナチスのホロコーストから生還した精神科医フランクルの言葉を待つまでもなく、人間の最も価値ある態度である。

ここが理解できない限り、不幸を乗り越えることはできない。

不幸を受け入れてこそ、自分の人生にふさわしい目的を持てる。

それは同時に、幸せの鍵を手に入れることである。

不幸であれ弱さであれ、目の前の現実を受け入れれば、自然と目的がわかってくるのに、何度も言うように不幸な人は現実を受け入れていない。

だから、目的を持って努力することから生まれる幸せとは無縁になる。つまり、努力しても共同体感情が育成されてこない。

よく高齢の人が「若者には負けない」と頑張っている。

その心意気はよいが、無理するとかえって身体をこわす。

歳を取ればフィジカルな能力は落ちる。それを認めることが「不幸を受け入れる」ということである。そうすれば今の体力で生きることに集中できる。

体力の衰えを受け入れない人よりも幸せで、健康を維持できる。

終章

不幸とは心の問題である

よくないことでも「起きてしまった」ことは受け入れる。

つまり、不幸を受け入れることである。不幸を受け入れれば過去から解放される。

「不幸を受け入れる」とはアメリカの心理学者デヴィッド・シーベリーの言葉である。

この本では、この言葉の素晴らしさを考えたかった。

不幸を受け入れるというと誇張された言葉のようであるが、人類の知恵が詰まったような言葉である。

病気で幸せな人もいるし、健康で不幸な人もいる。貧しくて幸せな人もいるし、お金持ちで不幸な人もいる。離婚して幸せな人もいるし、結婚していて不幸な人もいる。

離婚して不幸な人は、ついつい「私は離婚したから不幸」と思いがちである。しかし離婚して不幸な人は、結婚していても不幸な人である。でなければ離婚はしない。ことは単純で、不幸な人が離婚をしただけなのである。離婚して不幸な人は、視野が狭いから不幸なだけで、離婚と不幸は関係ない。

失恋して不幸な人も同じことである。失恋と不幸は関係ない。不幸な人が失恋しただけである。

嫌な仕事で不幸だという人は、不幸な人が嫌な仕事をしているだけである。不幸の原因は嫌な仕事ではなく、自分が自分を見つけられていないからである。不幸の原因は自己不在に過ぎない。

仕事が忙しいから幸せではないという人は、定年になっても不幸である。不幸な人が忙しくしているだけである。幸せでないのは、自分の意志で人生を選び取っていないからである。

忙しい人は暇になっても忙しい。適正な目的を見つけられていないからである。

自分の人生は失敗の連続であったと劣等感を持ち、不幸な人がいる。しかし違う。不幸な人が失敗しただけである。失敗の連続によって不幸なのではない。人からよく思われたい、人によい印象を与えたいという依存欲求で不幸なのである。さらに物を見る視点の数が少ないから不幸なだけである。

大学に不合格になって不幸な人は、浪人したから不幸だと思っている。しかし不幸な人が不合格になっただけである。不合格になった人の不幸の原因は孤独であり、家族への帰属意識がないことであり、人間関係が悪いことである。

精神科医のカレン・ホルナイは言っている。

もし帰属意識を持っていれば、劣等意識は重大なハンディキャップではない。[注42]

不幸な人はついつい「現実」が厳しいから不幸だと思ってしまう。不幸の本当の原因である自分の心を見ない。そのほうが心理的に楽だからである。

今、「現実」が厳しいと「現実」にカッコをつけたのは、不幸を嘆いている人にとって本当の現実は厳しくないからである。

失業すれば誰でも生活は厳しくなる。そこで仕事を探すことに集中する人と、嘆いてばかりで仕事を探さない人がいる。

仕事を探すことに集中する人は、心の支えがある人である。

現実は、自分の仕事を探すことが先決なのに、不幸な人はそうなっていない。

今を解決する方法を考えていけば、自分が見えてくるのに、嘆くことが中心になる。

嘆いてばかりいる人は、失業で不幸になったと思っている。しかし、失業で不幸になっているのではない。不幸な人が失業しただけである。

嘆くことが中心になっている人は、「おかあさーん」と叫んでいる人である。子どもの頃から、本当に困っても誰も助けてくれなかった。

困った時に助けてもらえなかったことは、決定的な影響を無意識に残す。

自分の不幸を嘆いてばかりいる人の不幸の原因は、母なるものの愛の欠如である。そこから生じる心の葛藤が原因である。

糖尿病になって、自分は糖尿病で不幸だと思っている人がいる。しかし、不幸な人が糖尿病になっただけである。

その人にとって本当に苦しい問題が糖尿病である人は、治療に専念する。嘆いてばかりいない。

糖尿病になった人が「ステーキが食べたい」と延々と嘆く。そういう人が欲しいのは実はステーキではない。本当に欲しいのは母なるものの愛情である。

「糖尿病が苦しい、苦しい」と文句を言っているのは、「もっと、僕をかまってくれ」と言っているのである。悩みを解決しようとしているのではない。

心が原因で不幸になっている人は、現実にある解決方法を拒否しているのである。

「すべての悩みがなくなるような力を求めてはいけません」と古代ギリシャの哲学者エピクロスは言っている。この言葉はシーベリーの「不幸を受け入れる」ということと同じ内容を別の言葉で表現している。

自分の今の不幸の原因を正しく理解しない限り、死ぬまで幸せにはなれない。努力しても努力の結果は裏目に出る。

「ありのままの自分でいい」というのは開き直りの言葉ではない。

運の悪い時には運が悪いと受け入れられることである。「今日は運が悪い、今日はついていない」と覚悟を決めてじたばたしないことである。

人生の悪い流れの中で失ったものを、焦って取り返そうとすると、さらに怪我を大きくする。

私はアメリカの心理学者ダン・カイリーの『ピーターパン・コンプレックス』（扶桑社）という本を翻訳したが、それによると、人がどん底から不死鳥のように蘇る心理現象があるという。

人がどん底から不死鳥のように蘇る「フェニックス現象」をもたらすのは、古い心構えを変えることである。

ちょっとした心の持ち方で幸せか不幸せかが決まる。

その本は、人の評価にビクビクして恐怖感で生きるウサギの自分から、自分の意志をしっかりと持った百獣の王ライオンに変わるための本である。

註一覧

1　Rollo May, The Meaning of Anxiety, W. W. Norton & Company Inc., 1977　小野泰博訳『不安の人間学』誠信書房、１９６３年7月25日、２４１頁

2　Ellen J. Langer, Mindfulness, Da Capo Press, 1989　加藤諦三訳『心の「とらわれ」にサヨナラする心理学』ＰＨＰ研究所、２００９年10月2日、２６３頁

3　John Bowlby, Separation, Volume2, Basicbooks, A Subsidiary of Perseus Books, L.L.C., 1973, p.249　黒田実郎、岡田洋子、吉田恒子訳『母子関係の理論2　分離不安』岩崎学術出版社、１９７７年、２７７頁

4　Many people expect to discover the worst. A hiden fear lies in the fact that they may also discover the best. Muriel James, Dorothy Jongeward, BORN TO WIN, ADDISON-WESELEY PUBLISHING COMPANY, 1985, p.39

5　You belong to the sky and not to the earth. Stretch forth your wings and fly.

6　The eagle was afraid of his unknown self and world.

7　Still he did not fly.

8　島崎敏樹『生きるとは何か』岩波新書、１９７４年、41頁

9 David Seabury, How to Worry Successfully, Blue Ribbon Books: New York, 1936 加藤諦三訳『心の悩みがとれる』三笠書房、１９８３年2月10日

10 David Seabury, How to Worry Successfully, Blue Ribbon Books: New York, 1936 加藤諦三訳『心の悩みがとれる』三笠書房、１９８３年2月10日

11 David Seabury, How to Worry Successfully, Blue Ribbon Books: New York, 1936 加藤諦三訳『心の悩みがとれる』三笠書房、１９８３年2月10日

12 David Seabury, How to Worry Successfully, Blue Ribbon Books: New York, 1936 加藤諦三訳『心の悩みがとれる』三笠書房、１９８３年2月10日

13 I call neurotic any man who uses his potentials to manipulate the others instead of growing up himself. Muriel James, Dorothy Jongeward, BORN TO WIN, ADDISON-WESELEY PUBLISHING COMPANY, 1985, p.7

14 David Seabury, How to Worry Successfully, Blue Ribbon Books: New York, 1936 加藤諦三訳『心の悩みがとれる』三笠書房、１９８３年2月10日、１５４頁

15 シーベリー／加藤諦三訳『問題は解決できる』三笠書房、１９８４年3月20日、90－91頁

16 George Wharton James, The Indian's Secrets of Health or What the White Race May Learn From The Indian, J. F. Tapley Co.: New York, 1908, p.68

17 David Seabury, Stop Being Afraid, Science of Mind Publications: Los Angeles, 1965 加藤諦三訳『問題は解決できる』三笠書房、１９８４年3月20日、37－38頁

18 David Seabury, Stop Being Afraid, Science of Mind Publications,: Los Angeles, 1965 加藤諦三訳『問題は解決できる』三笠書房、１９８４年３月20日、１３６－１３７頁

19 David Seabury, Stop Being Afraid, Science of Mind Publications,: Los Angeles, 1965 加藤諦三訳『問題は解決できる』三笠書房、１９８４年３月20日、１３６－１３７頁

20 David Seabury, How to Worry Successfully, Blue Ribbon Books: New York, 1936 加藤諦三訳『問題は解決できる』三笠書房、１９８４年３月20日、１５０頁

21 David Seabury, Stop Being Afraid, Science of Mind Publications,: Los Angeles, 1965 加藤諦三訳『問題は解決できる』三笠書房、１９８４年３月20日、82頁

22 David Seabury, Stop Being Afraid, Science of Mind Publications,: Los Angeles, 1965 加藤諦三訳『問題は解決できる』三笠書房、１９８４年３月20日

23 From the Begining

24 Ursula Goldmann-Posch,Tagesbuch einer Depression　鹿島晴雄・吉田香織訳『うつ病女性の日記』同朋舎出版、１９８８年3月30日、2頁

25 Albert Ellis, Ph.d., How to Stubbornly Refuse to Make yourself Miserable about Anything, 国分康孝他訳『どんなことがあっても自分をみじめにしないためには』川島書店、１９９６年、19頁

26 斎藤茂太『躁と鬱』中央公論新社、１９８０年6月15日、76頁

27 David Seabury, How to Worry Successfully,Blue Ribbon Books: New York, 1936　加藤諦三

訳『問題は解決できる』三笠書房、１９８４年3月20日、１２９－１３０頁

28 David Seabury, How to Worry Successfully,Blue Ribbon Books: New York, 1936 加藤諦三訳『問題は解決できる』三笠書房、１９８４年3月20日、１２９－１３０頁

29 Joseph LeDoux

30 p.135: The low road, or the thalamo-amygdala pathway, is a quick and dirty system.

31 Paul Watzwick, How Real is Real? 小林薫訳『あなたは誤解されている』光文社、１９７8年11月30日、60－61頁

32 The Effects of Trauma on Memory, p.140: Emotional memory occurs when the sound reaches the amygdala, which activates your automatic and hormones systems, and causes your muscles to tense up because of associations stored there. In other words, the hippocampas system gives you conscious memory of an emotional experience; the amygdala system gives you unconscious emotional memory.

33 especially cortisol

34 The Effects of Trauma on Memory,p.142: n other words, The amygdala will have no trouble forming emotional, unconscious memories of the event-and, in fact, will form even stronger memories because of the stress hormones. But the same time hormones can interfere with the normal action of the hippocampus and prevent the formation of a conscious memory of the event.

35 The Effects of Trauma on Memory: As a result, we are unable to develop long-term conscious memories of our life before that age. However, the amygdala is fully functional at a much earlier age. For this reason, children who are abused at a very early age might form strong emotional memories that they never have conscious access to for the rest of lives.

36 The Effects of Trauma on Memory, p.143: Fear-learning mechanism

37 「脳の中の不安」朝日新聞夕刊、科学欄、２０００年12月22日

38 Horror frozen in memory: Daniel Goleman, Emotional Intelligence, Bantam Books, 1995, p.203

39 Bill Moyers, Healing and Mind, Public Affairs Televisio, Inc., 1993 小野善邦訳『こころと治癒力』草思社、１９９４年10月3日、４１２頁

40 Bill Moyers, Healing and Mind, Public Affairs Televisio, Inc., 1993 小野善邦訳『こころと治癒力』草思社、１９９４年10月3日、４１２頁

41 The Neurotic Personality of Our Time, W. W. NORTON & COMPANY, 1964. p.166

42 Karen Horney, Neurosis and Human Growth, W. W. NORTON & COMPANY, 1950, p.21

PHP新書
PHP INTERFACE
https://www.php.co.jp/

加藤諦三［かとう・たいぞう］

1938年、東京生まれ。東京大学教養学部教養学科を経て、同大学院社会学研究科修士課程を修了。1973年以来、度々、ハーヴァード大学研究員を務める。現在、早稲田大学名誉教授、ハーヴァード大学ライシャワー研究所客員研究員、日本精神衛生学会顧問。ニッポン放送系列ラジオ番組「テレフォン人生相談」は半世紀ものあいだレギュラーパーソナリティを務める。著書に、『どんなことからも立ち直れる人』『メンヘラの精神構造』（以上、PHP新書）など多数、訳書はアジアを中心に約100冊ある。

前を向きたくても向けない人
過去を引きずる人の深層心理

（PHP新書 1419）

二〇二五年一月二十九日　第一版第一刷

著者――加藤諦三
発行者――永田貴之
発行所――株式会社PHP研究所
東京本部――〒135-8137 江東区豊洲5-6-52
ビジネス・教養出版部 ☎03-3520-9615（編集）
普及部 ☎03-3520-9630（販売）
京都本部――〒601-8411 京都市南区西九条北ノ内町11
組版――株式会社PHPエディターズ・グループ
装幀者――芦澤泰偉＋明石すみれ
印刷所 製本所――TOPPANクロレ株式会社

ISBN978-4-569-85841-8

ＰＨＰ新書刊行にあたって

「繁栄を通じて平和と幸福を」(PEACE and HAPPINESS through PROSPERITY)の願いのもと、ＰＨＰ研究所が創設されて今年で五十周年を迎えます。その歩みは、日本人が先の戦争を乗り越え、並々ならぬ努力を続けて、今日の繁栄を築き上げてきた軌跡に重なります。

しかし、平和で豊かな生活を手にした現在、多くの日本人は、自分が何のために生きているのか、どのように生きていきたいのかを、見失いつつあるように思われます。そして、その間にも、日本国内や世界のみならず地球規模での大きな変化が日々生起し、解決すべき問題となって私たちのもとに押し寄せてきます。

このような時代に人生の確かな価値を見出し、生きる喜びに満ちあふれた社会を実現するために、いま何が求められているのでしょうか。それは、先達が培ってきた知恵を紡ぎ直すこと、その上で自分たち一人一人がおかれた現実と進むべき未来について丹念に考えていくこと以外にはありません。

その営みは、単なる知識に終わらない深い思索へ、そしてよく生きるための哲学への旅でもあります。弊所が創設五十周年を迎えましたのを機に、ＰＨＰ新書を創刊し、この新たな旅を読者と共に歩んでいきたいと思っています。多くの読者の共感と支援を心よりお願いいたします。

一九九六年十月

ＰＨＰ研究所